Arbeitshefte der Berliner Denkmalpflege

Arbeitshefte der Berliner Denkmalpflege 2

Herausgegeben im Auftrag des Senators für Stadtentwicklung
und Umweltschutz von Helmut Engel, Landeskonservator | **BERLIN**

Hartwig Schmidt/Jürgen Tomisch

Die Bauwerke der Berliner S-Bahn
Die Vorortstrecke nach Zossen

Wissenschaftsverlag Volker Spiess · Berlin

Die vorliegende Arbeit ist eine ergänzende Untersuchung zu der von der Architekturwerkstatt Helge Pitz – Winfried Brenne sowie Axel Oestreich, Werner Weinkamm und Eva-Maria Eilhardt für den Senator für Bau- und Wohnungswesen, Abtlg. VII, im November 1981 erstellten Kurzmonographie aller S-Bahnhöfe in Berlin (West).

Mitarbeit am Text und Materialsammlung:
Jürgen Tomisch

Titelbild:
S-Bahnzug in Richtung Marienfelde nach Verlassen des Bahnhofs Yorckstraße
Foto: Jürgen Tomisch (1984)

CIP-Kurztitelaufnahme der Deutschen Bibliothek

Die Bauwerke der Berliner S-Bahn. – Berlin:
Wissenschaftsverlag Spiess
Die Vorortstrecke nach Zossen / Hartwig Schmidt;
Jürgen Tomisch. – 1985.
  (Arbeitshefte der Berliner Denkmalpflege; 2)
  ISBN 3-89166-004-9

© 1985 Wissenschaftsverlag Volker Spiess GmbH, Berlin
Druck: Color-Druck G. Baucke, Berlin
ISBN 3-89166-004-9

Vorwort

Ein wesentlicher Anstoß für den Ausbau des Berliner Eisenbahnnetzes Ende des 19. Jahrhunderts war die rapide Zunahme des Vorortverkehrs in die Villenkolonien am Rande des Grunewalds. Die Bebauung dieser weiträumig angelegten grünen Gartenvororte zwischen Berlin und Potsdam erforderte – und wurde erst ermöglicht – durch eine schnelle Verbindung zur City. Damit entstand ein Verkehrsaufkommen, dem die auf den Fernbahnstrecken verkehrenden Vorortzüge nicht mehr gewachsen waren.

Abhilfe geschaffen wurde durch die Separierung des Fern- und Vorortverkehrs auf getrennten Gleiskörpern. So entstanden neben der Stadt- und Ringbahn die „Vorortbahnen" – Schnellverbindungen mit starren, auf die Stoßzeiten des Berufsverkehrs ausgerichteten Fahrplänen. Als erste wurde 1889–91 die zwischen dem Potsdamer Bahnhof und Wannsee (Potsdam) verkehrende „Wannseebahn" ausgebaut und modernisiert. Parallel dazu wurde 1891 der verbilligte, nach Zonen gestaffelte „Vororttarif" eingeführt, der die Vorortbahn zum billigsten und schnellsten Verkehrsmittel werden ließ.

Die Dresdener Bahn, Spekulationsprojekt der „Gründerjahre", hat nie diesen Zuwachs an Verkehrsaufkommen zu bewältigen gehabt. Im Gegensatz zum Berliner Südwesten blieb der Süden viel länger in einem ländlichen, von der Großstadt fast unberührten Zustand. Deshalb finden wir an dieser Bahnlinie auch nicht die großartigen Bahnhofshallen der Stadtbahn oder die prächtigen Empfangsgebäude der Wannseebahn, sondern eher bescheidene Bahnhofsbauten ohne großen repräsentativen Anspruch. Trotzdem ist diese Strecke von denkmalpflegerischem Interesse, denn ihre besondere Qualität liegt in der Ablesbarkeit von Geschichten, der Ablesbarkeit der Entwicklung des Berliner Vorortverkehrs an Hand der einzelnen Bahnhöfe, die den Stil ihrer Erbauungszeit widerspiegeln:

- der leider nur noch aus Fotos bekannte Bahnhof „Marienfelde" (1874), holzverkleidet und mit hohem Turm,
- das 1892 erbaute Empfangsgebäude des Haltepunkts „Lichtenrade" in den einfachen Formen der Schinkelschule,
- die Bahnhöfe „Yorckstraße" und „Papestraße" (1901) in „märkischer Backsteingotik" und Bahnsteigen nach den „Normalien" der Königlichen Eisenbahn-Direktion Berlin,
- der Bahnhof „Priesterweg" (1928) als funktionaler Zweckbau im Stil der „Neuen Sachlichkeit" gestaltet,
- der Bahnhof „Anhalter Bahnhof" (1938) mit einer spiegelnd weißen unterirdischen Halle, von der aus am 5. November 1939 zum ersten Mal ein elektrischer Zug auf der Vorortstrecke nach Zossen abfuhr,
- und der Haltepunkt „Buckower Chaussee" (1946), der in seiner Armseligkeit den Zustand Berlins kurz nach dem Zweiten Weltkrieg verdeutlicht – und das Ende einer glanzvollen Entwicklung des Berliner Vorortverkehrs.

Jeder Bahnhof an dieser Strecke hat seine besondere architektur- und stadtgeschichtliche Bedeutung und ist Bestandteil der Berliner Verkehrs-, Stadt- und Technikgeschichte. Mit dieser Bestandsaufnahme, die nach der Übernahme der S-Bahn durch die BVG am 9. Januar 1984 schon einen historisch gewordenen Zustand dokumentiert, ist eine Grundlage erarbeitet worden, die die denkmalpflegerischen Belange, die es bei den notwendigen Restaurierungs- und Neubaumaßnahmen zu berücksichtigen gilt, aufzeigt.

Zusätzlich zu der Dokumentation der Vorortstrecke nach Zossen, soweit sie sich auf West-Berliner Gebiet befindet, hat Jürgen Tomisch die Geschichte der Preußischen Militäreisenbahn behandelt, deren Gleise teilweise parallel und auf gleicher Trasse mit der Dresdener Bahn verliefen. Diese vorgelegte Bestandsaufnahme macht deutlich, wieviel Substanz – Bauten und Gleisanlagen – von dieser traditionsreichen, jedoch 1919 eingestellten Bahnlinien noch vorhanden ist.

Band 3 der Arbeitshefte der Berliner Denkmalpflege wird der Wannseebahn gewidmet sein und über die historische Darstellung und Bestandsaufnahme hinaus die z.Zt. durchgeführten bzw. bereits abgeschlossenen Restaurierungsmaßnahmen dokumentieren, um aufzuzeigen, wie weitgehend denkmalpflegerische Belange ihre Berücksichtigung gefunden haben.

Berlin, Februar 1985   Prof. Dr. Helmut Engel

Inhaltsverzeichnis

Hartwig Schmidt
Die Vorortstrecke Berlin–Zossen der Dresdener Eisenbahn
Geschichte und Betrieb

1. Die Berlin–Dresdener Eisenbahn	8
2. Beginn und Entwicklung des Vorortverkehrs	14
3. Umbau des Potsdamer Ringbahnhofs	17
4. Ausweitung des Vorortverkehrs	26
5. Anschluß an die Nordsüd-S-Bahn	32
6. Wiederaufbau und Streckenteilung	35
7. Nachtrag	36

Hartwig Schmidt
Streckenabschnitt Anhalter Bahnhof bis Bahnhof Lichtenrade
Bestandsaufnahme unter denkmalpflegerischen Gesichtspunkten

1. Bahnhöfe

– Anhalter Bahnhof	37
– Bahnhof Yorckstraße	41
– Bahnhof Papestraße	55
– Bahnhof Priesterweg	79
– Bahnhof Mariendorf	89
– Bahnhof Marienfelde	97
– Haltepunkt Buckower Chaussee	107
– Bahnhof Lichtenrade	111

2. Streckenverlauf
   Brücken und Unterführungen

– Nordsüd-S-Bahn-Tunnel	121
– Unterführung Yorckstraße	125
– Monumentenbrücke	129
– Kolonnenbrücke	129
– Überführung Ringbahngleise	133
– Überführung des Anschlußgleises zur Ringbahn	134
– Unterführung Sachsendamm	136
– Unterführung Prellerweg	140
– Unterführung Attilastraße	142
– Brücke über den Teltowkanal	144
– Lankwitzer Brücke	147
– Unterführung Marienfelder Allee	147
– Übergang Wehnertstraße	149
– Übergang Säntisstraße	149
– Übergang Buckower Chaussee	149
– Unterführung Gütergleis	149
– Unterführung ehem. Güteraußenring	149
– Unterführung Schichauweg	149

Jürgen Tomisch
Die Königlich-Preußische Militäreisenbahn

1. Vorgeschichte	158
2. Bau und Betrieb	159
3. Stations- und Streckenausbau	162
Streckenabschnitt Bahnhof Berlin bis Lichtenrade	
4. Versuchsabteilung und Schnellfahrversuche	168
5. Demontage und Zerstörung	170
6. Erhaltene bauliche Anlagen	172
– Hochbauten	172
– Gleisanlagen	172

Literaturverzeichnis 182

Abkürzungsverzeichnis

DBZ Deutsche Bauzeitung
BusB Berlin und seine Bauten
BusE Berlin und seine Eisenbahnen
BVB Berliner Verkehrs-Blätter
VW Verkehrstechnische Woche
ZdBv Zentralblatt der Bauverwaltung
ZfBw Zeitschrift für Bauwesen

BVG Berliner Verkehrs-Betriebe
DR Deutsche Reichsbahn

Hartwig Schmidt

Die Vorortstrecke Berlin–Zossen der Dresdener Eisenbahn

Geschichte und Betrieb

Die historische Entwicklung der Vorortstrecke nach Zossen ist eng verknüpft mit der Geschichte der Berlin-Dresdener Eisenbahn, ihrer Stammbahn. Eine umfangreiche Darstellung der 100jährigen Geschichte dieser Eisenbahnlinie hat Peter Bley 1975 veröffentlicht[1]. Die Ergebnisse seiner Arbeit sind vielfältig auch in die folgende Ausführung eingeflossen.

1. Die Berlin-Dresdener Eisenbahn

Mit der Eröffnung der Berlin-Anhalter Eisenbahn am 10. September 1841 war die Eisenbahnverbindung zwischen den beiden königlichen Residenzen Berlin und Dresden hergestellt. Wohl mußte man noch, um nach Dresden zu gelangen, in Köthen auf die Magdeburg-Leipziger Eisenbahn und in Leipzig auf die Leipzig-Dresdener Bahn umsteigen, doch erreichte man nach 12 1/2 Stunden Fahrzeit die sächsische Elbmetropole. Die normale Fahrpost benötigte für die direkte Strecke Berlin–Dresden 39 Stunden, die Schnellpost 29 Stunden.

Den ersten durchgehenden Reiseverkehr und die Verkürzung der Reisezeit auf 6 Stunden ermöglichte die am 1. Oktober 1848 eröffnete Zweigstrecke der Anhalter Bahn von Jüterbog nach Röderau mit einem Anschlußbogen an die Leipzig-Dresdener Strecke. Durch den weiteren Ausbau der Strecke konnte die Reisezeit des zweimal täglich in beiden Richtungen verkehrenden Kurierzuges bis 1875 auf drei Stunden reduziert werden.

Eine 1868 beantragte Konzession für den Bau einer direkten Zugverbindung zwischen Berlin und Dresden wurde vom preußischen Handelsminister wegen fehlender Notwendigkeit abgelehnt. Erst nach den Erfahrungen des Deutsch-Französischen Krieges 1870/71, in dem sich die große militärische Bedeutung der Eisenbahn gezeigt hatte, und auf dem Hintergrund der Reichseinigung und der damit verbundenen neuen Bedeutung Berlins als Hauptstadt des Deutschen Reiches, änderte sich dessen Meinung. Noch im gleichen Jahr (1871) erhielt das zur Erbauung einer Berlin mit Dresden verbindenden Eisenbahn gegründete Komitee die Genehmigung, mit den Vorarbeiten der Projektierung beginnen zu dürfen. Vorsitzender und Gründer dieses Komitees war Prinz Handjery, Landrat des Kreises Teltow. Die Projektierung war im Dezember 1871 abgeschlossen, die Gesamtkosten auf 11 Mill. Taler veranschlagt.

Am 24. Juni 1872 wurde der daraufhin gegründeten Aktiengesellschaft „Berlin-Dresdener-Eisenbahn-Gesellschaft" vom preußischen Handelsminister die Konzession des preußischen Streckenabschnitts erteilt, am 27. September 1872 für den sächsischen Streckenteil[2]. Bereits im Herbst 1872 war, im Hinblick auf die zu erwartenden hohen Dividenden der neuen Eisenbahnaktie, eine Kapitalsumme von 31,5 Mill. Mark gezeichnet, so daß im Januar 1873 mit den Bauarbeiten begonnen wer-

---

[1]
P. BLEY, 100 Jahre Eisenbahn Berlin–Zossen–Dresden. 17. Juni 1875–17. Juni 1975. In: BVB 22 (1975) Nr. 6/7, 104–142
Zur Geschichte der Berlin-Dresdener Eisenbahn vgl. auch: Berlin und seine Eisenbahnen. 1846–1896. Herausg. im Auftrage des Kgl. Preußischen Ministers der öffentlichen Arbeiten. 2 Bde. Berlin 1896
Berlin und seine Bauten. Bearbeitet und herausgegeben vom Architekten-Verein zu Berlin und der Vereinigung Berliner Architekten. Berlin 1877, I, 71–72 und Berlin 1896, I, 283–287

[2]
Der Termin wird in BusB (1877) I, 71 mit 21. September 1872 angegeben

den konnte. Mit der Bauausführung wurde die zu diesem Zweck geschaffene „Generalbaubank" in Berlin beauftragt, den Grunderwerb behielt sich die Gesellschaft selbst vor.

Die Direktion der Berlin-Dresdener-Eisenbahn-Gesellschaft hatte, wahrscheinlich zur Sicherstellung der Konzessionserteilung, am 9. Januar 1873 mit dem preußischen Kriegsministerium eine Vereinbarung (sog. „Punktation") getroffen, die vorsah, daß die Gesellschaft auf der Strecke von Berlin bis zum Artillerieschießplatz Kummersdorf südlich von Zossen ein Planum zur Verlegung eines separaten Gleises für das 1. Preußische Eisenbahnbataillon herzustellen habe und den Oberbau und die Fahrzeuge für die einzurichtende „Militärbahn" beschaffen solle. Das auf der westlichen Seite der Dresdener Bahn zu verlegende Gleis sollte vom Bahnhof der Kgl.-Preußischen Militäreisenbahn in Berlin-Schöneberg bis nach Zossen führen und dort zum Schießplatz Kummersdorf (später verlängert nach Jüterbog) abzweigen. Als Gegenleistung wurde ein dem Militärfiskus gehörendes Gelände südlich des Landwehrkanals zwischen den Güterbahnhöfen der Potsdamer und Anhalter Bahn der Berlin-Dresdener-Eisenbahn-Gesellschaft zur Anlage eines Bahnhofs verkauft[3].

3
K. PIERSON, Die Militäreisenbahn Berlin–Zossen–Jüterbog. In: BVB 27 (1980) Nr. 3, 38–57
K. PIERSON, Die Königlich-Preußische Militäreisenbahn. Stuttgart 1979
siehe auch den Beitrag von J. Tomisch in diesem Heft

Der „Gründerkrach" 1873 brachte die Eisenbahngesellschaft in ernste finanzielle Schwierigkeiten, von denen sie sich nie wieder erholte. Aus diesem Grunde wurde der Bau eines großen Bahnhofsgebäudes erst einmal verschoben und neben dessen vorgesehenen Bauplatz in einfachster Weise ein langgestrecktes Fachwerkgebäude mit überdachten Bahnsteigen erbaut[4]. Der Zugang zum Empfangsgebäude lag an der verlängerten Schöneberger- und Trebbiner Straße. Der Güterbahnhof mit zwei Lagerschuppen erstreckte sich in südlicher Richtung bis zur heutigen Yorckstraße. Dort befand sich auch das Bahnbetriebswerk mit zwei Lokschuppen und den üblichen Nebengebäuden.

Abb. 2

4
BusB (1877) I, 72, Beilage 5. Dort ist das geplante, jedoch nicht ausgeführte Empfangsgebäude der Dresdener Bahn eingetragen

Bereits 1874 waren die Geldmittel der Gesellschaft aufgebraucht, und nur ein Kredit der Berliner Zentralbank für Handel und Industrie ermöglichte die Fertigstellung des Bahnbaus und die Inbetriebnahme der Strecke am 17. Juni 1875.
Die Gesamtlänge betrug 174,17 km, so daß im Vergleich mit der bisherigen Verbindung Dresdens mit Berlin durch die Anhalter Bahn eine Abkürzung von 15,6 km erreicht worden war. 19 Haltestellen waren eingerichtet worden, 4 davon im Berliner Umland bis zum Bahnhof Zossen: Südende B. D., Marienfelde, Mahlow und Rangsdorf.

Das provisorische Empfangsgebäude der Dresdener Bahn war neben einem interimistischen Bahnhof der Anhalter Bahn errichtet, da diese Gesellschaft 1872 mit dem vollständigen Umbau und einer Neugestaltung ihrer Bahnanlagen beidseitig des Landwehrkanals begonnen hatte. Das alte, zu klein gewordene Empfangsgebäude am Askanischen Platz wurde durch einen repräsentativen Neubau (Arch.: F. Schwechten, Ing.: H. Seidel) ersetzt und die gesamten Bahnanlagen höher gelegt, um die bisherigen Verkehrsbehinderungen durch die niveaugleichen Straßenkreuzungen zu beseitigen. Die alte eingleisige Drehbrücke über den Landwehrkanal wurde abgebaut und an ihrer Stelle eine viergleisige Bogenbrücke erbaut nach dem Entwurf F. Schwechtens[5]. Die beiden Uferstraßen wie auch die Blücherstraße (heute Yorckstraße) erhielten Unterführungsbauten aus geraden Blechträgern auf seitlichen Gußeisenstützen.
Auf diesem neuen Niveau wurden auch die Gleise der Berlin-Dresdener Bahn verlegt.

5
LANTZENDÖRFFER, Unterführung des Schiffahrtcanales, des Halleschen und Tempelhofer Ufers unter der Berlin-Anhaltischen Eisenbahn in Berlin. In: Wochenblatt für Architekten und Ingenieure I (1879) 280–283;
BusB (1896) I, 283

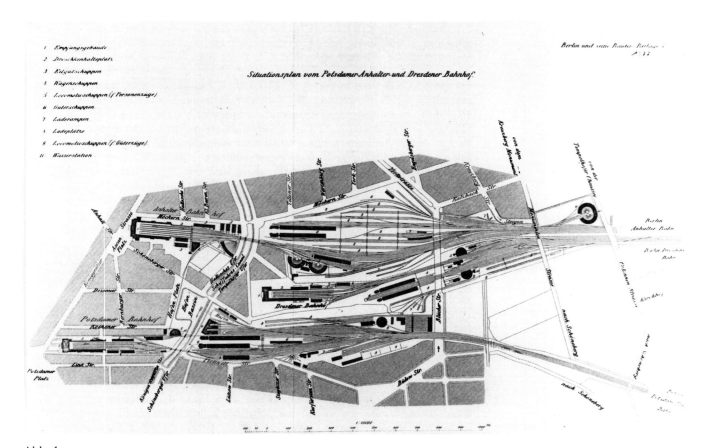

Abb. 1
Situationsplan des Potsdamer, Anhalter und Dresdener Bahnhofs. Das Empfangsgebäude des Dresdener Bahnhofs ist bereits in seinem geplanten, jedoch nie ausgeführten Endstadium eingezeichnet (BusB (1877) 72, Beilage 5)

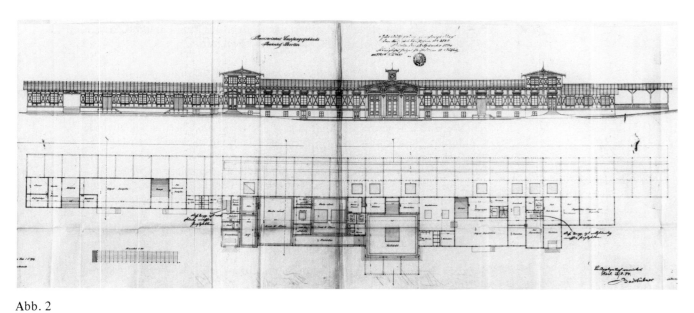

Abb. 2
Das 1874 errichtete provisorische Empfangsgebäude der Dresdener Bahn an der verlängerten Schöneberger Straße. Ansicht und Grundriß (Bauakte Dresdener Bahnhof, Bd. 1, Bauaufsichtsamt Kreuzberg)

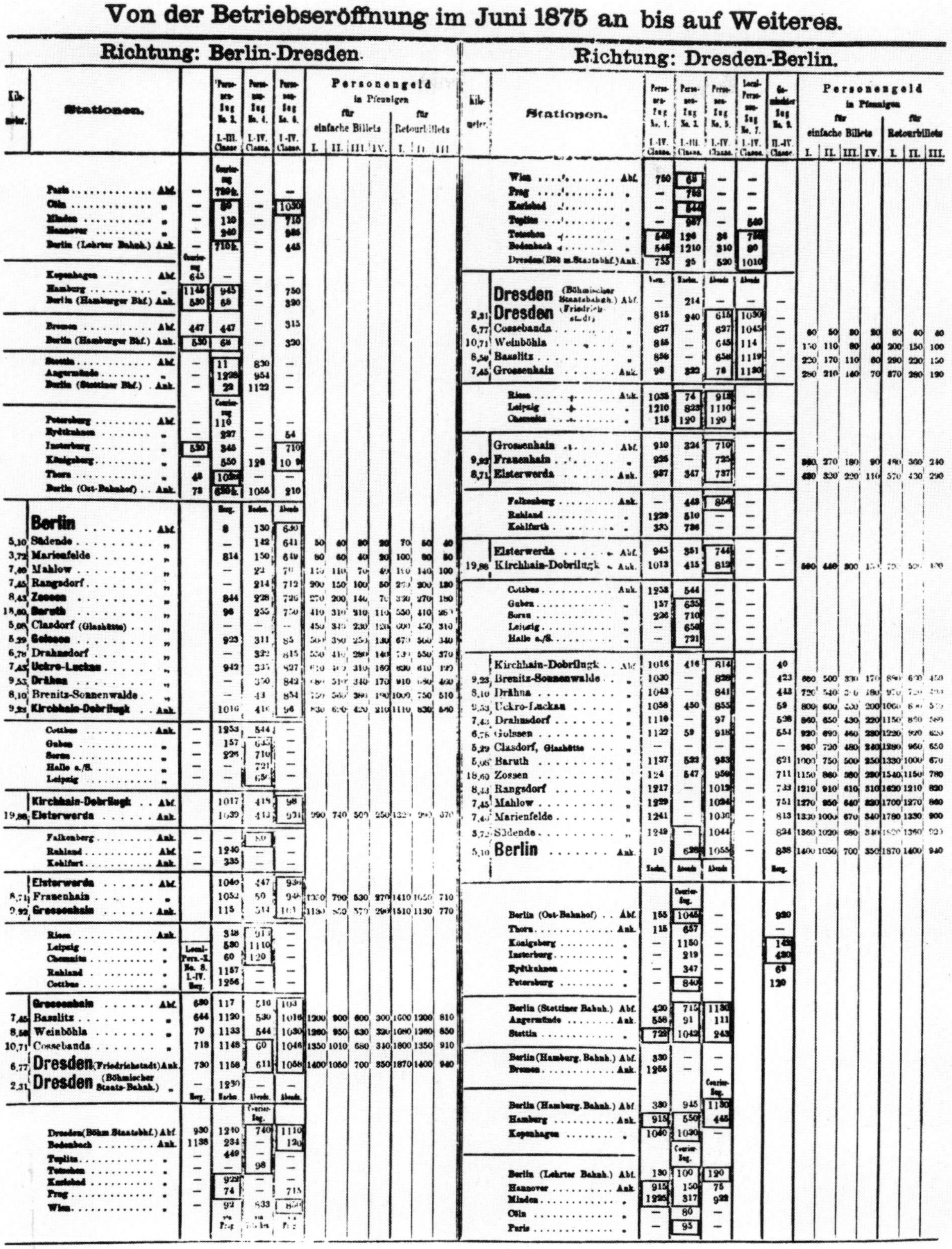

Von der Betriebseröffnung im Juni 1875 an bis auf Weiteres.

Richtung: Berlin-Dresden.

Kilometer	Stationen.		Personen-Zug No. 2. I.-III. Classe	Personen-Zug No. 4. I.-IV. Classe.	Personen-Zug No. 6. I.-IV. Classe.	Personengeld in Pfennigen für einfache Billets I.	II.	III.	IV.	für Retourbillets I.	II.	III.
			Courier-zug									
	Paris ... Abf.	—	730 h.	—	—							
	Cöln ... „	—	80	—	1030							
	Minden ... „	—	130	—	710							
	Hannover ... „	—	240	—	935							
	Berlin (Lehrter Bahnh.) Ank.	—	710 h.	—	445							
		Courier-zug										
	Kopenhagen ... Abf.	645	—	—	—							
	Hamburg ... „	1145	945	—	750							
	Berlin (Hamburger Bhf.) Ank.	530	65	—	320							
	Bremen ... Abf.	447	447	—	315							
	Berlin (Hamburger Bhf.) Ank.	530	65	—	320							
	Stettin ... Abf.	—	11	830	—							
	Angermünde ... „	—	1220	954	—							
	Berlin (Stettiner Bhf.) . Ank.	—	22	1122	—							
			Courier-zug									
	Petersburg ... Abf.	—	110	—	—							
	Eydtkuhnen ... „	—	227	—	54							
	Insterburg ... „	530	345	—	710							
	Königsberg ... „	—	550	128	10 9							
	Thorn ... „	48	1056	—	—							
	Berlin (Ost-Bahnhof) . . Ank.	73	630 h.	1055	210							
			Morg.	Nachm.	Abends							
	Berlin ... Abf.		8	130	630							
5,10	Südende ... „		—	142	641	50	40	30	20	70	50	40
3,72	Marienfelde ... „		814	150	649	80	60	40	20	100	80	80
7,00	Mahlow ... „		—	22	70	150	110	70	40	190	140	100
7,45	Rangsdorf ... „		—	214	712	200	150	100	50	270	200	130
8,43	Zossen ... „		844	228	726	270	200	140	70	330	270	180
18,60	Baruth ... „		96	255	750	410	310	210	110	550	410	280
5,06	Clasdorf (Glashütte) ... „		—	—	—	450	340	230	120	600	450	310
5,29	Golssen ... „		923	311	85	500	380	250	130	670	500	340
6,78	Drahnsdorf ... „		—	322	815	550	410	280	140	730	550	370
7,43	Uckro-Luckau ... „		942	335	827	610	460	310	160	820	610	420
9,53	Drähna ... „		—	350	842	680	510	340	170	910	680	460
8,10	Brenitz-Sonnenwalde ... „		—	43	854	750	560	390	190	1000	750	510
9,23	Kirchhain-Dobrilugk . . Ank.		1016	416	96	830	620	420	210	1110	830	640
	Cottbus ... Ank.	—	1253	544	—							
	Guben ... „	—	157	635	—							
	Sorau ... „	—	226	710	—							
	Halle a./S. ... „	—	—	721	—							
	Leipzig ... „	—	—	659	—							
	Kirchhain-Dobrilugk . . Abf.		1017	418	98							
19,86	Elsterwerda ... Ank.		1039	412	931	990	740	500	250	1320	990	670
	Falkenberg ... Ank.	—	—	80	—							
	Ruhland ... Abf.	—	1240	—	—							
	Kohlfurt ... Ank.	—	335	—	—							
	Elsterwerda ... Abf.		1040	447	936							
8,71	Frauenhain ... „		1052	50	948	1050	790	530	270	1410	1050	710
9,92	Grossenhain ... Ank.		115	514	103	1130	850	570	290	1510	1130	770
	Riesa ... Ank.		318	911	—							
	Leipzig ... „	Local-Pers.-Z. No. 8. I.-IV. Morg.	530	1110	—							
	Chemnitz ... „		60	120	—							
	Ruhland ... „		1157	—	—							
	Cottbus ... „		1256	—	—							
	Grossenhain ... Abf.	630	117	516	103							
7,45	Basslitz ... „	644	1120	530	1016	1200	900	600	300	1600	1200	810
8,50	Weinböhla ... „	70	1133	544	1030	1280	950	630	320	1690	1280	850
10,71	Cossebaude ... „	718	1148	60	1046	1350	1010	680	340	1800	1350	910
6,77	**Dresden** (Friedrichstadt) Ank.	730	1156	611	1056	1400	1050	700	350	1870	1400	940
2,31	**Dresden** (Böhmischer Staats-Bahnh.) „	—	1230	—	—							
		Morg.	Nachm.	Abends.	Abends.							
				Courier-zug								
	Dresden (Böhm. Staatsbhf.) Abf.	930	1240	740	1110							
	Bodenbach ... Ank.	1138	234	—	120							
	Teplitz ... „	—	449	—	—							
	Tetschen ... „	—	—	98	—							
	Karlsbad ... „	—	922	—	—							
	Prag ... „	—	74	—	715							
	Wien ... „	—	92	633	850							
			via Prag	via Tetschen	via Prag							

Richtung: Dresden-Berlin.

Kilometer	Stationen.	Personen-Zug No. 1. I.-IV. Classe.	Personen-Zug No. 3. I.-III. Classe.	Personen-Zug No. 5. I.-IV. Classe.	Local-Personen-Zug No. 7. I.-IV. Classe.	Gemischter Zug No. 9. II.-IV. Classe.	Personengeld in Pfennigen für einfache Billets I.	II.	III.	IV.	für Retourbillets I.	II.	III.
	Wien ... Abf.	750	65	—	—								
	Prag ... „	—	750	—	—								
	Karlsbad ... „	—	544	—	—								
	Teplitz ... „	—	937	—	540								
	Tetschen ... „	540	128	38	740								
	Bodenbach ... „	545	1210	310	80								
	Dresden (Böhm. Staatsbhf.) Ank.	735	25	520	1010								
		Vorm.	Nachm.	Abends	Abends								
	Dresden (Böhmischer Staatsbahnh.) Abf.	—	214	—	—	—							
2,31	**Dresden** (Friedrichstadt) „	815	240	615	1030	—							
6,77	Cossebaude ... „	827	—	627	1043	—	60	50	30	20	80	60	40
10,71	Weinböhla ... „	845	—	645	114	—	150	110	80	40	200	150	100
8,50	Basslitz ... „	856	—	658	1119	—	220	170	110	60	290	220	150
7,45	Grossenhain ... Ank.	98	322	78	1130	—	280	210	140	70	370	280	190
	Riesa ... Ank.	1035	74	912	—								
	Leipzig ... „	1210	823	1110	—								
	Chemnitz ... „	115	120	120	—								
	Grossenhain ... Abf.	910	324	710	—	—							
9,92	Frauenhain ... „	925	—	725	—	—	360	270	180	90	480	360	240
8,71	Elsterwerda ... Ank.	937	347	737	—	—	430	320	220	110	570	430	290
	Falkenberg ... Ank.	—	448	856	—								
	Ruhland ... „	1229	510	—	—								
	Kohlfurth ... „	335	736	—	—								
	Elsterwerda ... Abf.	943	351	744	—	—							
19,86	Kirchhain-Dobrilugk ... Ank.	1013	415	812	—	—	580	440	300	150	770	580	400
	Cottbus ... Ank.	1253	544	—	—								
	Guben ... „	157	635	—	—								
	Sorau ... „	226	710	—	—								
	Leipzig ... „	—	650	—	—								
	Halle a./S. ... „	—	721	—	—								
	Kirchhain-Dobrilugk . . Abf.	1016	416	814	—	40							
9,23	Brenitz-Sonnenwalde ... „	1030	—	828	—	423	660	500	330	170	880	660	450
8,10	Drähna ... „	1043	—	841	—	443	720	540	360	180	970	720	490
9,53	Uckro-Luckau ... „	1056	450	855	—	59	800	600	400	200	1060	800	540
7,43	Drahnsdorf ... „	1110	—	97	—	528	860	650	430	220	1150	860	580
6,78	Golssen ... „	1122	59	918	—	554	920	690	460	230	1220	920	620
5,29	Clasdorf, Glashütte ... „	—	—	—	—	—	960	720	480	240	1280	960	650
5,06	Baruth ... „	1137	533	933	—	621	1000	750	500	250	1330	1000	670
18,60	Zossen ... „	124	547	950	—	711	1150	860	580	290	1540	1150	780
8,43	Rangsdorf ... „	1217	—	1012	—	733	1210	910	610	310	1620	1210	820
7,45	Mahlow ... „	1229	—	1024	—	751	1270	950	640	320	1700	1270	860
7,40	Marienfelde ... „	1241	—	1036	—	813	1330	1000	670	340	1780	1330	900
3,72	Südende ... „	1249	—	1044	—	824	1360	1020	680	340	1820	1360	920
5,10	**Berlin** ... Ank.	10	628	1055	—	838	1400	1050	700	350	1870	1400	940
		Nachm.	Abends	Abends		Morg.							
			Courier-zug										
	Berlin (Ost-Bahnhof) . . Abf.	155	1045	—		920							
	Thorn ... Ank.	115	657	—		—							
	Königsberg ... „	—	1150	—		145							
	Insterburg ... „	—	219	—		420							
	Eydtkuhnen ... „	—	347	—		69							
	Petersburg ... „	—	840	—		120							
	Berlin (Stettiner Bahnh.) Abf.	420	715	1130									
	Angermünde ... Ank.	558	91	111									
	Stettin ... „	728	1042	243									
	Berlin (Hamburg. Bahnh.) Abf.	330	—	—									
	Bremen ... Ank.	1255	—	—									
				Courier-zug									
	Berlin (Hamburg. Bahnh.) Abf.	330	945	1130									
	Hamburg ... Ank.	915	550	445									
	Kopenhagen ... „	1040	1030	—									
			Courier-zug										
	Berlin (Lehrter Bahnh.) Abf.	130	100	120									
	Hannover ... Ank.	915	150	75									
	Minden ... „	1225	317	922									
	Cöln ... „	—	80	—									
	Paris ... „	—	95	—									

Abb. 3
Fahrplan der Dresdener Bahn 1875 (Bley (1975) 111)

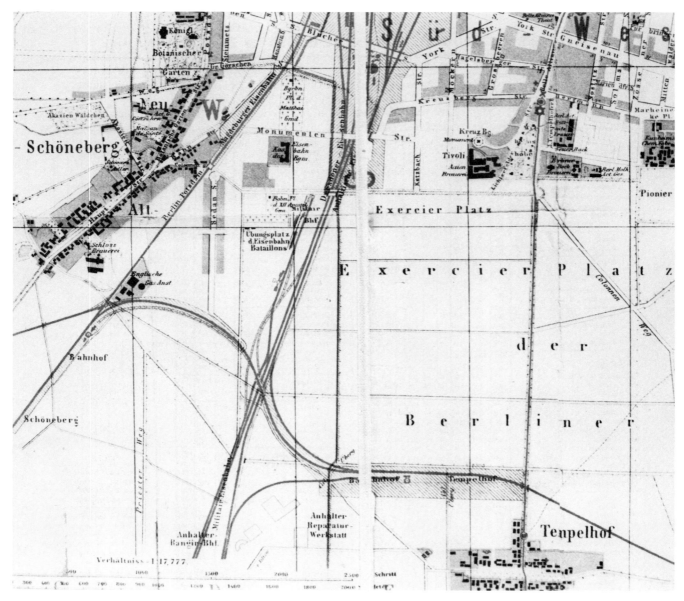

Abb. 4
Situationsplan des Gebietes zwischen den Dörfern Schöneberg und Tempelhof 1877 mit Eintragung der einzelnen Bahnlinien (BusB (1877) Beilage)

Abb. 5
Gemauerte Überführung des „Colonnenweges" über die Anhalter Bahn. Auf der rechten Seite hölzerne Bahnwärterbude mit Signalmast. Die 1841 erbaute Brücke wurde 1874, beim Bau der Dresdener Bahn, abgebrochen und durch eine 100 m lange Holzbrücke ersetzt (Lithographie von Hinze, um 1845; in: Wolters, Stadtmitte Berlin. Berlin 1978, 147)

Vom provisorischen Empfangsgebäude des Dresdener Bahnhofs verliefen die Gleise in südlicher Richtung am Güterbahnhof der Gesellschaft vorbei, der aus je einem Empfangs- und Abfertigungsgebäude aus Fachwerk und massiven Kopfbauten bestand. Am Ende des Güterbahnhofgeländes überquerten die Güter- und Personengleise die heutige Yorckstraße auf 26,40 m breiten eisernen Brückenbauten; die Personengleise östlich des heutigen S-Bahnhofs Yorckstraße, die Gütergleise in der Achse der heutigen S-Bahnlinie. Zwischen Yorck- und Monumentenstraße erreichte die Trasse die Gleise der Anhalter Bahn und verlief parallel zu dieser. Südlich der Monumentenstraße wurde das Verbindungsgleis zum Potsdamer Güterbahnhof eingeführt, südlich der Kolonnenstraße zweigte das Verbindungsgleis zum Militärbahnhof ab. Die beiden Verbindungswege zwischen Schöneberg und Tempelhof, der Ziegeleiweg (heute Monumentenstraße) und der Colonnenweg (heute Kolonnenstraße, Dudenstraße) zum Übungs- und Paradegelände auf dem Tempelhofer Feld überquerten die Bahnlinie auf 1874/75 neu erbauten hölzernen Brücken. Die Kreuzung mit der weiter südlich liegenden Ringbahntrasse bestand bis Mai 1877 nur aus einer eingleisigen, von Eisenbahnpionieren erbauten Unterführung und mußte bis 1879, bis zur Verlegung eines weiter westlich liegenden Gleises und dem Bau einer eigenen Unterführung für die Militärbahn, von beiden Bahngesellschaften gemeinsam benutzt werden.

Abb. 170, 174

Nach der Unterquerung der Ringbahngleise verlief die Bahnlinie auf der Trasse der heutigen S-Bahnstrecke und kreuzte in Höhe des heutigen Bahnhofs Papestraße den Tempelhofer Weg niveaugleich. Erst 1880 erhielt diese einzige direkte Verbindung zwischen Schöneberg und Tempelhof eine schmale Holzbrücke zur gefahrlosen Überquerung der Gleisanlagen[6].

Abb. 180

6
Zu den Eisenbahnunterführungen und -brücken im Bezirk Schöneberg vgl. die Verwaltungsberichte des Magistrats der Stadt Schöneberg 1 (1899), 2 (1904), 3 (1910)

Etwa 400 m südlich des heutigen Bahnhofs Priesterweg kreuzte die Bahnlinie die Landstraße von Schöneberg nach Mariendorf und überquerte kurz dahinter die Gleise der Anhalter Bahn auf einer eisernen Brücke, die auf Betreiben der Berlin-Anhaltischen Eisenbahn-Gesellschaft für eine spätere 4-gleisige Unterführung vorzusehen war. Nördlich dieses Brückenbauwerks befand sich der erste Haltepunkt, die Station Südende B. D. (B. D. zum Unterschied des an der Anhalter Bahn gelegenen Haltepunkts „Südende B.A."), die auf Initiative und mit finanzieller Beteiligung der „Südende-Gesellschaft" zur Erschließung ihres Villenbauterrains errichtet worden war. Der nur dem Personenverkehr dienende Haltepunkt bestand aus einem einfachen Kiesperron und der Wärterbude. Erst 1881/82 wurde eine hölzerne Wartehalle errichtet.

Von hier aus führte die Strecke in fast schnurgerader Richtung bis zum Bahnhof Zossen. Der nächste Haltepunkt im Berliner Vorortbereich war Marienfelde an der gleichnamigen Villenkolonie. Das einfache zweigeschossige Bahnhofsgebäude war im ländlichen italienischen Villenstil der Schinkelschule erbaut und mit einer Holzverbretterung verkleidet. Ein Eckturm zierte das Gebäude. Für die Güterabfertigung war seitlich ein Fachwerkschuppen angebaut. Direkt vor dem Bahnhof verlief das Gleis der Militärbahn. Ein niveaugleicher Übergang führte zur Villenkolonie.

Abb. 6

Die Fahrt von Berlin nach Dresden dauerte 4 1/2 Stunden und kostete 3,50 Mark in der IV. Klasse und 14 Mark in der I. Klasse. In beiden Richtungen verkehrten täglich ein sog. Courier- und ein beschleunigter Personenzug, sowie zwei auf allen Stationen haltende Personenzüge. Über den Fahrzeugpark der Gesellschaft berichtet P. Bley ausführlich[7].

7
P. BLEY (1975) 108—110

Auch nach der Betriebseröffnung konnte die Gesellschaft ihre finanziellen Schwierigkeiten nicht beheben, so daß sie gezwungen war, zuerst der Anhalter Bahn, dann dem preußischen Staat die Linie und (oder)

deren Betrieb zum Verkauf anzubieten. Um der Anhalter Bahn nicht das Eisenbahnmonopol für die Verbindung mit Sachsen zukommen zu lassen, verabschiedete der preußische Landtag am 11. August 1877 ein Gesetz, das eine teilweise Verstaatlichung, nämlich die sofortige Übernahme der Verwaltung und des Betriebs der Linie vorsah, den Erwerb jedoch auf einen späteren Zeitpunkt verschob.

Nach der Übernahme der Betriebsleitung am 1. Oktober 1877 durch eine „Königliche Eisenbahn-Commission für die Berlin-Dresdener Bahn" wurden die bisher nur mit sparsamsten Mitteln erstellten baulichen Anlagen vervollständigt. So wurde der Anschluß an die Ringbahn 1878 durch zwei innere (nördliche) Verbindungskurven hergestellt und 1896 durch einen äußeren (südlichen) Ringbahnanschluß, das sog. „Kaisergleis", das eine Verbindung zum Potsdamer Bahnhof ermöglichte.

Nach der Verstaatlichung der Berlin-Potsdam-Magdeburger Eisenbahn (14. Februar 1880) plante die Kgl. Eisenbahndirektion auf den noch immer ausstehenden Neubau des Dresdener Bahnhofs zu verzichten und die Züge aus Dresden im Potsdamer Bahnhof enden zu lassen, um damit den Zugverkehr zu vereinfachen und die Reisenden näher an die Stadt heranzuführen.

Nach der am 1. Juli 1882 erfolgten Übernahme auch der Berlin-Anhalter Eisenbahn durch den preußischen Staat erschien es jedoch günstiger, die Züge aus Dresden zu dem neuen, erst seit zwei Jahren fertiggestellten Anhalter Bahnhof zu führen. Der Anschluß wurde durch den Bau eines Verbindungsgleises hergestellt, das nördlich der Kolonnenstraße aus dem Streckengleis abzweigte, parallel zum Anhalter Ferngleis bis in die Nähe des Landwehrkanals verlief und beim Stellwerk „Mtm" in dieses einmündete, um einen weiteren Brückenbau zu ersparen. Am 15. Oktober 1882 wurde der Personen-, Gepäck- und Eilgutverkehr der Dresdener Bahn zum Anhalter Bahnhof verlegt, das provisorische Empfangsgebäude daraufhin abgebrochen und das Grundstück als Lagerplatz mit Gleisanschluß vermietet. 1913 entstand auf diesem Gelände der Postbahnhof Luckenwalder Straße.

2. Beginn und Entwicklung des Vorortverkehrs

Neben den Fern- und Kurierzügen nach Dresden, die zwischen Berlin und Zossen nicht hielten, wurde die Strecke seit ihrer Inbetriebnahme auch von gemischten Zügen zur Güter- und Personenbeförderung befahren. Diese dienten hauptsächlich der Erschließung des Berliner Umlandes, dem Vorortverkehr, und hielten auf allen Stationen (außer Südende). Um für den Lokalverkehr keine Vollbahnzüge einsetzen zu müssen, wurde 1881, nach dem Vorbild der Berlin-Görlitzer Bahn, ein sog. „Omnibusbetrieb" zwischen Berlin und Zossen eingerichtet, der zuerst aus einem Zugpaar täglich, 1882 bereits aus drei Zugpaaren bestand. Diese Omnibuszüge, die eine etwas langsame (Höchstgeschwindigkeit 30 km/h), doch billige und relativ komfortable Verbindung der Dörfer und Vororte mit Berlin herstellten, bestanden aus einer kleinen Straßenlokomotive und drei Abteilwagen. Die seit Herbst 1881 eingesetzten Weissenbornschen Dampftriebwagen wurden nach kurzer Zeit wieder abgezogen, da sie sich für den steigenden Verkehr als zu klein erwiesen hatten. 1884 wurden die kleinen Straßenlokomotiven durch Personenzugtenderlokomotiven ersetzt.

Abb. 7, 8

Die Züge hielten regelmäßig auf den einzelnen Stationen, doch wurden auf Wunsch der Fahrgäste auch Zwischenhalte eingelegt. „Um vielfachen Wunsch des beteiligten Publikums nachzukommen" (Teltower Kreisblatt 1883), war unmittelbar bei Lichtenrade, an der Wärterbude

[8] Teltower Kreisblatt 28 (1883) Nr. 45, 182;
A. RICHTER, Verkehrswesen von Lichtenrade. In: Festschrift Heimatfest Lichtenrade 1934. Herausgegeben vom Arbeitsausschuß. Lichtenrade 1934, 31–37;
Amtsblatt der KED Berlin (1884) H. 10

156 (später 89) ein Haltepunkt für den Omnibusbetrieb eingerichtet worden, der seit dem 1. Juni 1883 auch als Haltepunkt für den Personenzugverkehr der Dresdener Eisenbahn genutzt wurde. Er bestand aus einem 30 m langen Kiesperron an der Kreuzung mit der schmalen, noch ungepflasterten Bahnhofsstraße und einer Wärterbude. Das noch heute vorhandene Bahnhofsgebäude entstand erst 1892. Da das Verkehrsaufkommen in den ersten Jahren noch sehr gering war (1.515 Fahrgäste 1883/84), wurden die Fahrkarten vom Bahnwärter verkauft[8].

Nach dem endgültigen Erwerb der Berlin-Dresdener Eisenbahn durch den preußischen Staat am 15. Dezember 1886 trat vorerst keine Änderung des Betriebs ein. Der Verkehr auf den Vorortstrecken nach Zossen blieb ziemlich konstant, da 1888 auch die Militäreisenbahn mit der Aufnahme eines öffentlichen Personenverkehrs begonnen hatte. Die bisher noch eingleisige Strecke wurde von der Signalstation Marienhöhe ab (nördlich des heutigen Bahnhofs Mariendorf) bis nach Zossen 1881/82 mit einem zweiten Gleis versehen. Der eingleisige Verkehr zum Anhalter Bahnhof blieb wegen der dafür notwendigen Brückenneubauten und Gleisverlegungen bis 1895/96 bestehen.

Am 1. Oktober 1891 wurde auf allen Strecken des Berliner Umlandes der ermäßigte Vororttarif eingeführt, dessen Preise im Mittel ungefähr der Hälfte des Tarifsatzes für Personenzüge der preußischen Staatsbahnen entsprachen.

„Unter ‚Vororten' verstehen wir jetzt diejenigen bis zu einer gewissen Entfernung von Berlin liegenden kleinen Städte und Dörfer, deren Bewohner zum Theil im täglichen Verkehr mit der Hauptstadt stehen. Diese Leute sind und bleiben Berliner, obwohl sie ihren Wohnsitz nach

Abb. 6
Bahnhof Marienfelde der Dresdener Bahn. Empfangsgebäude mit Güterschuppen. Rechts das Gleis der Dresdener Bahn, links der Militärbahn mit Übergang zur Villenkolonie. Im Kutschwagen der Administrator des Gutes, Karl Schmidt. Aufnahme 1890 (Heimatarchiv Tempelhof)

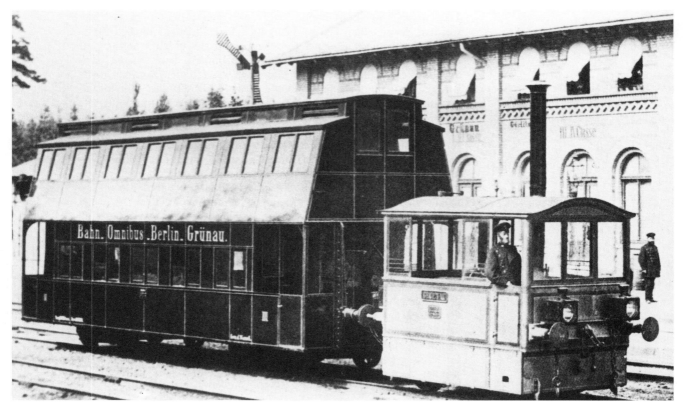

Abb. 7
Omnibuszug der Berlin–Görlitzer Eisenbahn vor dem Bahnhof Grünau. Aufnahme 1879 (Pierson (1983) 80)

Abb. 8
Dampftriebwagen der Bauart Weissenborn der Niederschlesisch-Märkischen Eisenbahn für die Berliner Ringbahn (Pierson (1983) 37)

außerhalb des Weichbildes verlegt haben. Sie bilden die Stammgäste des Vorortverkehrs. In zweiter Linie ziehen die Bewohner der Hauptstadt Nutzen aus demselben, indem er ihre Ausflüge erleichtert. Billige Fahrpreise und häufige Züge in möglichst regelmäßigem, starren Fahrplan sind die Grundbedingungen des Vorortverkehrs", schrieb der Geh. Baurat Housselle 1896[9].

Der Vorortverkehr in die aufblühenden Villenkolonien der Gemeinde Lichterfelde und das zusammenhängende Villenbaugebiet zwischen Steglitz, Südende und Lankwitz wurde hauptsächlich auf der Anhalter Bahn abgewickelt. Nach dem Sommerfahrplan 1895 gingen vom Anhalter Bahnhof täglich 34 Vorortzüge nach Groß-Lichterfelde, jedoch nur 9 Züge nach Marienfelde, 7 nach Mahlow und 5 nach Zossen ab.

Am 15. Februar 1895 wurde zur besseren Erschließung der Villenkolonie Südende der zu weit nördlich liegende Haltepunkt Südende B. D. geschlossen und dafür 900 m weiter südlich, verkehrsgünstiger an der Kreuzung der Bahnlinie mit der Chaussee Mariendorf—Steglitz/Südende gelegen, die Haltestelle „Mariendorf" eröffnet.

Der täglich im Anhalter Bahnhof abzuwickelnde Verkehr war in den Jahren 1890—95 aufgrund des rapiden Wachstums der Stadt von 0,8 auf 2,3 Mill. Personen angestiegen. 68 Vorortzüge und 44 Fernzüge mußten täglich abgefertigt werden, hauptsächlich in den Morgen- und Abendstunden entsprechend den Stoßzeiten des Berufsverkehrs[10]. Auf den stark befahrenen Ferngleisen war keine weitere Steigerung des Vorortverkehrs mehr möglich. Eine wirksame Entlastung des Anhalter Bahnhofs konnte nur durch die Trennung von Anlagen und Betriebsmitteln des Fern- und Vorortverkehrs erzielt werden. Die Forderung nach Verlegung separater Vorortgleise für die vielbefahrene Linie nach Lichterfelde-Ost verfolgte aber auch den Zweck, die Vorortzüge unbehindert von den im Fernverkehr oft unvermeidlichen Verspätungen nach einem regelmäßigen (starren) Fahrplan verkehren zu lassen.

Als erste von der Fernbahn getrennte Linie war 1891 die Vorortstrecke nach Potsdam, die sog. „Wannseebahn" parallel zu den Ferngleisen der Potsdamer Bahn eröffnet worden. In Berlin und Potsdam endete die Vorortlinie in eigenen Kopfbahnhöfen. Die Strecke selbst wurde durch 9 weitere Haltepunkte unterteilt[11].

Der große Erfolg dieser neuen Strecke führte dazu, daß 1903 auch die auf dem Ferngleis der Stadtbahn verkehrenden Vorortzüge auf das Stadtbahngleis verlegt wurden als weitere Maßnahme auf dem Wege zur Schaffung eines von der Fernbahn unabhängigen Stadt-, Ring- und Vorortbahnnetzes, der späteren S-Bahn[12].

Die Errichtung eines separaten Vorortbahnhofs, wie er für die Wannseebahn und die Ringbahn zu beiden Seiten des Potsdamer Bahnhofs angelegt worden war, wurde auch für den Anhalter Bahnhof erwogen. Die aufgrund der engen städtebaulichen Situation dann jedoch nicht mehr mögliche Erweiterung des Fernbahnhofs, wie auch die sehr ungünstige Streckenführung bei der Umgebung des Dresdener Güterbahnhofs, gaben jedoch den Ausschlag für den Verzicht auf dieses Projekt zugunsten der Erweiterung des Potsdamer Ringbahnhofs.

3. Umbau des Potsdamer Ringbahnhofs

Der Potsdamer Ringbahnhof, 230 m hinter dem Eingang zum Fernbahnhof gelegen, war 1891 als Kopfbahnhof mit einem Bahnsteig in Mittellage eröffnet worden. Der Bahnsteig lag 6 m über dem Straßenniveau im Bereich des Empfangsgebäudes auf gemauerten Viadukten, im Anschluß

[9] HOUSSELLE, Der Berliner Vorortverkehr. In: BusB (1896) I, 208—211

[10] E. BIEDERMANN, Die Vorortbahn von Berlin nach Groß-Lichterfelde. In: ZfBw 50 (1900) 491—516, Atlas Bl. 67—73

[11] Der Bau der Wannseebahn und die Umgestaltung des Potsdamer Bahnhofs in Berlin. In: ZfBw 43 (1893) 421—440, 539—556, Atlas Bl. 44—49

[12] B-m., Zusammenlegung des Verkehrs der Berliner Stadtbahn und der anschließenden Vorortstrecken. In: Ztg. d. Vereins Deutscher Eisenbahn-Verwaltungen 42 (1902) 1519—1521

daran, bis zur Uferstraße am Landwehrkanal, auf einer Dammschüttung zwischen Futtermauern. Südlich des Landwehrkanals führte die 2-gleisige Strecke auf 79 gemauerten Viaduktbögen östlich um den Potsdamer Güterbahnhof herum und schwenkte dann, auf einer Dammschüttung, wieder auf die Trasse der Potsdamer Fern- und Gütergleise ein, um neben ihnen die Yorckstraße zu überqueren.

Das Empfangsgebäude des Ringbahnhofs mußte für die Erweiterung 1899–1900 vollständig umgebaut werden. Das Sockelgeschoß wurde nach beiden Seiten hin erweitert, um Platz zu bekommen für zwei neue Bahnsteige, die stumpf gegen die quergelagerte Bahnsteighalle stießen. In diesem 31 m breiten und 10 m hohen, mit dünnen Eisenfachwerkwänden umschlossenen Raum endete die ehemalige Haupttreppe zum Bahnsteig, die jetzt nur noch als Zugang diente und durch zwei neue Abgangstreppen erweitert worden war. Davor lag das in Ziegelrohbauweise errichtete Empfangsgebäude mit den beiden achteckigen überkuppelten Ecktürmen. Ein kleiner loggiaähnlicher Baukörper bildete Eingang und Übergang zur Wannseebahn.

Die bisher zweigleisige Strecke der Ringbahn wurde durch die Verbreiterung der gemauerten Viadukte und der Dammschüttung bis zu ihrer Abzweigung in Höhe des Dresdener Güterbahnhofs auf 4 Gleise erweitert (Vorortlinie nach Zossen und Lichterfelde-West, Ringbahn).

Abb. 9
Der Potsdamer Ring- und Vorortbahnhof. In der Mitte der Eingang zum Bahnhof. Links der Ausgang von den Vorortlinien nach Lichterfelde-Ost und Zossen. Rechts der Ausgang von der Ringbahn und der Übergang zum Wannsee-Bahnhof. Foto 1938 (Landesbildstelle Berlin)

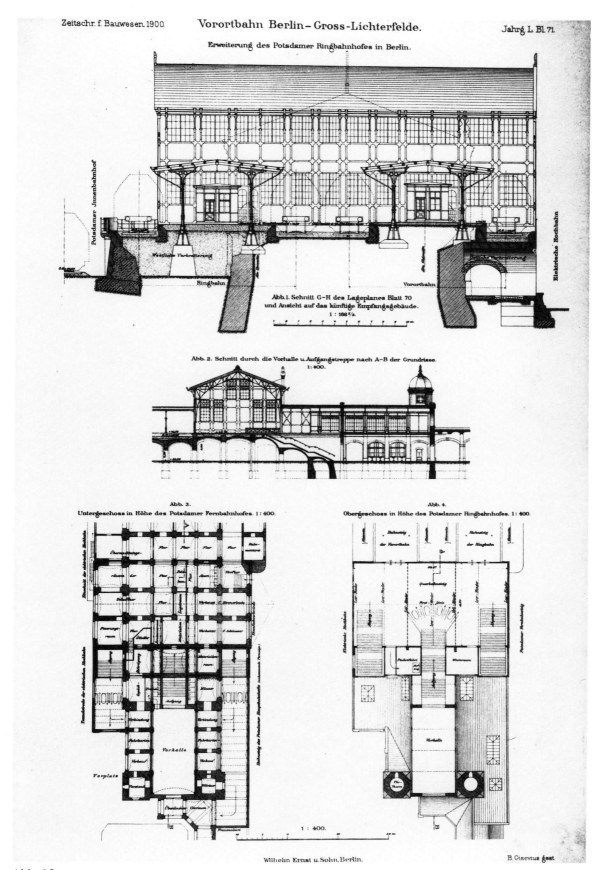

Abb. 10
Schnitte und Grundrisse des erweiterten Potsdamer Ring- und Vorortbahnhofs (ZfBw 50 (1900) Atlas Bl. 71)

Abb. 11
Umbau des Potsdamer Ringbahnhofs 1899/1900. Verbreiterung der Viadukte auf der westlichen Seite des Bahnhofs. Links die Ferngleise zum Potsdamer Bahnhof, dessen Halle mit Turm neben den beiden kleineren Kuppeltürmen des Ringbahnhofs noch zu erkennen ist. Foto 1900 (ZfBw 50 (1900) 502, Abb. 2)

Abb. 12
Bauarbeiten zur Verbreiterung des Ringbahnviaduktes neben dem Potsdamer Güterbahnhof für die Vorortlinie nach Lichterfelde-Ost und Zossen. Im Vordergrund Stahlfachwerkunterkonstruktion der Hochbahnlinie Gleisdreieck–Potsdamer Platz. Foto 1900 (ZfBw 50 (1900) Atlas Bl. 73, Abb. 3)

Abb. 13
Die Rückseite des Potsdamer Bahnhofs. Im Hintergrund die Halle des Wannseebahnhofs, in der Mitte der Potsdamer Fernbahnhof, im Vordergrund der Ring- und Vorortbahnhof. Rechts der Bahnsteig der Vorortzüge nach Zossen und Lichterfelde-Ost mit einem kurzen S-Bahn-Zug. Foto 1937 (Gottwaldt (1982) 94, Abb. 167)

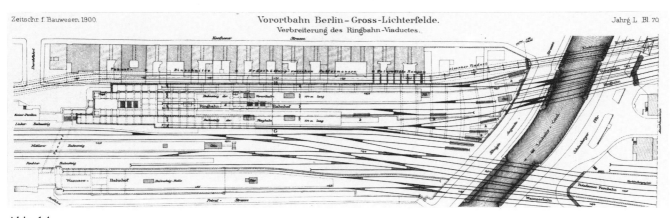

Abb. 14
Lageplan des Potsdamer Ring- und Vorortbahnhofs nach dem Umbau 1899–1900 (ZfBw 50 (1900) Atlas Bl. 70)

Übergangsstation Papestraße

An der Kreuzung der neuen Vorortlinie mit der Ringbahn wurde ein neuer Bahnhof erbaut, der den Übergang von einer zur anderen Bahnlinie ermöglichen sollte. Gleichzeitig diente er der Verbesserung des Schöneberger und Tempelhofer Ortsverkehrs und dem Anschluß der Landwehr-Inspektionsgebäude in der General-Pape-Straße an das Eisenbahnnetz. Um kurze Wege zu den beiden neuen Bahnsteigen zu erzielen, wurde das Empfangsgebäude so dicht wie möglich an die hier unter der Ringbahn hindurchgeführten Gleise der Anhalter und Dresdener Bahn geschoben. Von der Halle des Empfangsgebäudes ausgehend führte je ein Tunnel zu den Bahnsteigen der Ring- und Vorortbahn. Beide waren als Inselbahnsteige angelegt und mit Schutzdächern vom Typ Wannseebahn versehen. Der Vorortbahnsteig lag 76 cm, der Ringbahnsteig (wie der der Fernbahnhöfe) 53 cm über Schienenoberkante.

Das Empfangsgebäude war in den Formen der märkischen Backsteingotik erbaut mit Treppengiebeln und Eckturm. Der Eingang befand sich in einem kleinen Anbau, die Schalterhalle im Erdgeschoß des Hauptgebäudes. Der Zugang erfolgte über die Suadicanistraße und von der General-Pape-Straße[13].

Abb. 221

Am 1. Januar 1901 wurde die Station für den Ringbahnverkehr eröffnet, am 1. Dezember 1901, nach Fertigstellung der neuen Vorortstrecke nach Lichterfelde-Ost, auch für den Vorortverkehr.

13
Die Straße wurde 1907 nach dem Baurat Waldemar Suadicani benannt, der maßgeblich an der Gestaltung der Unterführung des Sachsendamms am Bahnhof Papestraße beteiligt war. Nach: Berlin-Schöneberg. Seine Straßen, Brücken, Parks und Plätze. Herkunft und Bedeutung ihrer Namen. Berlin 1978

Abb. 15
Empfangsgebäude des Bahnhofs Papestraße. Foto 1902 (BAW 4 (1902) 399)

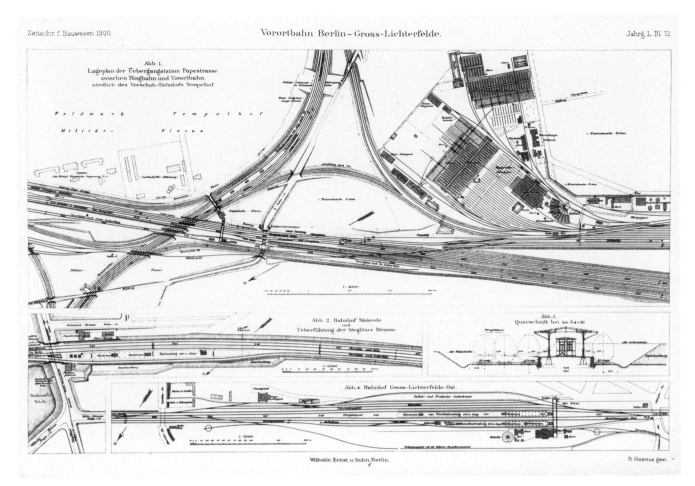

Abb. 16
Situationsplan des Bahnhofs Papestraße zwischen Ring- und Vorortbahn (ZfBw 50 (1900) Atlas Bl. 72)

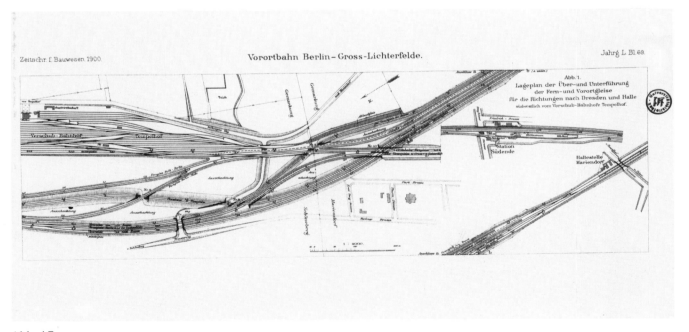

Abb. 17
Situationsplan des Abzweigs der Vorortlinie nach Lichterfelde-Ost von der Dresdener und Anhalter Bahn (ZfBw 50 (1900) Atlas Bl. 69)

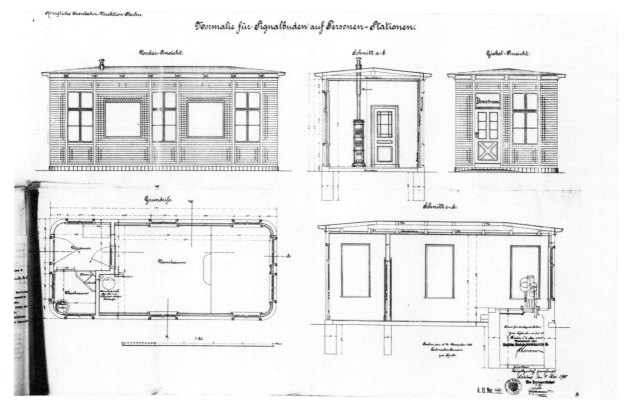

Abb. 18
Bauzeichnung für eine Signalbude (Dienstraum) auf den Bahnsteigen der Stadt-, Ring- und Vorortbahnen (Bauakte Bahnhof Lichtenrade, Bd. 1, Bauaufsichtsamt Tempelhof)

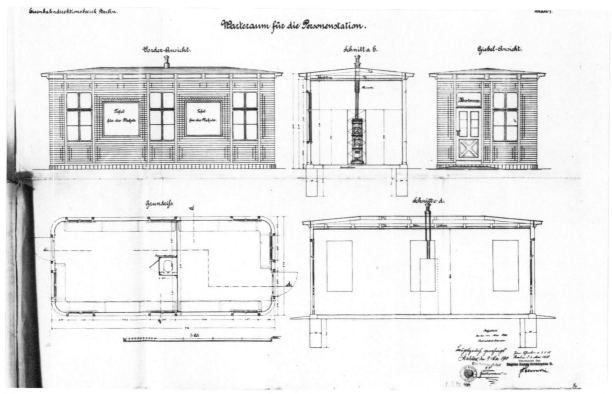

Abb. 19
Bauzeichnung für einen Warteraum auf den Bahnsteigen der Stadt-, Ring- und Vorortbahnen (Bauakte Bahnhof Lichtenrade, Bd. 1, Bauaufsichtsamt Tempelhof)

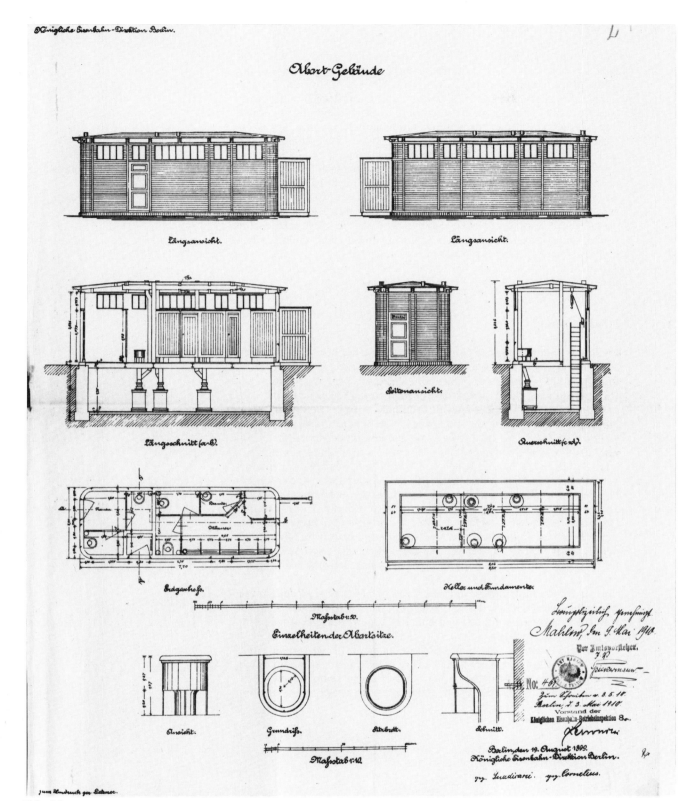

Abb. 20
Zeichnung für ein Abortgebäude auf den Bahnsteigen der Stadt-, Ring- und Vorortbahnen (Bauakte Bahnhof Lichtenrade, Bd. 1, Bauaufsichtsamt Tempelhof)
Die auf den Bahnsteigen errichteten Aufbauten, wie auch die Bahnsteigdächer, waren normiert. Als Grundlage dienten die „Preußischen Normalien"; Richtlinien, die den einheitlichen Aufbau des preußischen Eisenbahnnetzes festlegten. Die drei abgebildeten Zeichnungen sind Entwürfe des Landbauinspektors Karl Cornelius und des Baurats Suadicani der Königlichen Eisenbahn-Direktion Berlin, die als Normalien seit 1896 (1899) gültig waren

Haltepunkt Yorckstraße

Abb. 57, 58

Der Haltepunkt Yorkstraße (1909 in Yorckstraße verbessert) war ebenfalls im Zuge dieser Um- und Neubaumaßnahmen erbaut worden und sollte die um die Yorckstraße neu entstandenen Wohnviertel an die Bahnlinie anschließen. Das 1902 nach dem Entwurf des Landbauinspektors Cornelius (Eisenbahndirektion Berlin) erbaute Empfangsgebäude war „in den dankbaren Formen der mittelalterlichen märkischen Backsteinkunst gehalten, die sich jedem Grundriß ohne Zwang anschmiegen und mit bescheidenen Mitteln eine ansprechende Wirkung hervorrufen"[14]. Das Empfangsgebäude liegt in einer ungünstigen Position direkt neben den Yorckbrücken und ist hineingebaut in die hohe Böschung des Bahndamms, so daß für die Belichtung des Erdgeschosses und den Zugang zur Wohnung des Bahnhofsvorstehers im Obergeschoß ein seitlicher Lichthof angelegt werden mußte. Die ungünstige Lage ermöglichte jedoch einen kurzen Zugang zum Bahnsteig durch einen Tunnel neben den massiven Auflagern der Brückenbauten.

Am 1. Mai 1903 wurde die Haltestelle für den Vorortverkehr der Dresdener und Anhalter Bahn in Betrieb genommen.

[14] RÜDELL, Neuere Eisenbahnhochbauten. In: ZdBv 29 (1909) 418

Streckenführung

Abb. 60

Nach der Überquerung des Landwehrkanals und der beiden Uferstraßen auf einer eisernen Brücke (3 Öffnungen) verlief das von der Dresdener und Anhalter Vorortbahn gemeinsam genutzte Gleispaar parallel zur Ringbahn bis zu den Lagerplätzen des Dresdener Güterbahnhofs. Hier zweigte es ab und führte zwischen Güterbahnhof und Betriebsbahnhof hindurch bis zur Trasse der Dresdener und Anhalter Fernbahn. Erster Haltepunkt (nach der Eröffnung des Haltepunkts Yorckstraße 1903 zweiter) war die Übergangsstation Papestraße nach Unterquerung der jetzt 4-gleisig ausgebauten Ringbahn. Bei km 4,9, südlich des Bahnhofs Papestraße, senkte sich das Lichterfelder Vorortgleis und verließ die Dresdener Strecke, um in einer S-Kurve unter dieser hindurchzufahren.

Abb. 17, 184–186

Das Vorortgleis *nach* Zossen wurde vor der Station Mariendorf auf das Dresdener Ferngleis übergeleitet. Das Vorortgleis *von* Zossen zweigte vom Dresdener Ferngleis hinter der Station Mariendorf ab, überquerte die Anhalter Ferngleise, unterquerte die Dresdener Ferngleise und wurde bei km 4,9 mit einer einfachen Weiche wieder auf die Vorortgleise geführt.

Für die Über- und Unterquerung der Fern- und Vorortgleise der Dresdener und Anhalter Bahn, der Militärbahn und der Marienfelder Chaussee waren 6 Brückenbauwerke und erhebliche Erdbewegungen (400.000 m³ Lehm und Sand) erforderlich[15].

Die Inbetriebnahme der neuen Strecke fand am 1. Dezember 1901 statt. Seit diesem Tag wurde der Vorortverkehr nach Zossen und Lichterfelde-Ost vom Potsdamer Ring- und Vorortbahnhof abgewickelt. Die Fernzüge der Dresdener Bahn endeten jedoch weiterhin im Anhalter Bahnhof.

[15] E. BIEDERMANN, Die Vorortbahn von Berlin nach Groß-Lichterfelde. In: ZfBw 50 (1900) 496, 510–511, Atlas Bl. 67–69

4. Ausweitung des Vorortverkehrs

Nach der Jahrhundertwende wurden die baulichen Anlagen der Vorortlinien erheblich erweitert und die technischen Einrichtungen durch neue Blockeinrichtungen verbessert.

Auf der Strecke nach Lichterfelde-Ost wurde zur Erprobung des elektrischen Betriebs auf den Vorortstrecken am 4. Juni 1903 ein Versuchsbetrieb begonnen. Die Züge bestanden aus Triebwagen in Abteilbauweise, die Stromführung (550 V Gleichstrom) erfolgte über eine seitlich angeordnete Stromschiene. Der Betrieb wurde bis 1929 aufrechterhalten, bis auch diese Strecke im Zuge der allgemeinen Elektrifizierung der Stadt-, Ring- und Vorortbahnen umgerüstet wurde. Zu den damit verbundenen Umbauarbeiten gehörte die Höherlegung der Bahnsteige auf 96 cm über Schienenoberkante. Die gußeisernen Stützen der Bahnsteigdächer und die Sockel der Bahnsteighäuschen versanken durch diese Maßnahme 30 cm tief in den Boden.

Von 1903 bis zum 15. Mai 1939, der Eröffnung des elektrischen Betriebes auch auf der Zossener Vorortstrecke (Streckenabschnitt Priesterweg–Mahlow), bestand auf dem Potsdamer Ringbahnhof ein gemischter Betrieb von Elektrowagen und Dampflokomotiven.

Seit der Jahrhundertwende, die Einwohnerzahl Berlins war von 1880 bis 1900 von 1,1 Mill. auf 1,8 Mill. angestiegen, wurde auch die weitere Umgebung aufgrund des schnellen und billigen Vorortverkehrs in die Bebauung mit einbezogen. „Seit Anfang dieses Jahrhunderts ist ein großer Teil der Feldmark parzelliert und für den Anbau hergerichtet worden; das zu beiden Seiten der Bahn gelegene Gelände hat sich schnell entwickelt", berichtet Spatz (1912) über Lichtenrade. „In neuerer Zeit haben Parzellierungen in größerem Umfange begonnen, und die schon seit einiger Zeit in der Nähe des Bahnhofes bestehende Villenkolonie beginnt sich allmählich auszudehnen... Das Dorf, das auch infolge des Vorortverkehrs sehr angewachsen ist", hatte seine Einwohnerzahl von 1905 (1.812 Ew) bis 1910 (3.239 Ew) fast verdoppeln können[16].

16 W. SPATZ, Der Teltow. 3. Teil. Geschichte der Ortschaften des Kreises Teltow. Berlin 1912, 165 u. 173

Abb. 21
Zugverkehr auf der Vorortstrecke 1930. Im Vordergrund Vorortzug nach Zossen mit Dampflokomotive T12, im Hintergrund S-Bahnzug der Baureihe ET 165 nach Lichterfelde-Ost. Aufnahme von der Monumentenbrücke (Gottwaldt (1982) 120, Abb. 210)

Auch den Aufschwung, den Marienfelde nach der Jahrhundertwende nahm (1905: 2.901 Ew, 1910: 3.641 Ew) führt Spatz auf die Bautätigkeit innerhalb der Villenkolonie am Bahnhof zurück, „zu dem auch mancherlei industrielle Anlagen, unter denen z.B. die 1902 hierher verlegte Zweigfabrik der in Württemberg entstandenen Daimler-Motorengesellschaft erwähnt sei, beitrugen"[17].

[17] W. SPATZ (1912) 179

Kurz vor der Jahrhundertwende hatte die Englische Gasanstalt ein umfangreiches Areal zwischen dem alten Dorfkern von Mariendorf und der Dresdener Bahn erworben und betrieb nach dem Bau des Teltowkanals (1901–06) hier einen der verkehrsreichsten Berliner Privathäfen. Für die Arbeiter der Gasanstalt war ein Fußgängersteg über den Kanal gebaut worden, um ohne große Umwege den Bahnhof Mariendorf erreichen zu können. Südlich der Gasanstalt, an der Lankwitzer Straße, hatten sich wegen des günstigen Gleisanschlusses zur Dresdener Bahn größere Industriebetriebe angesiedelt, als einer der größten die schon von Spatz erwähnte Daimler Motorengesellschaft beim Bahnhof Marienfelde. Die westliche Seite der Bahnlinie blieb dagegen dem Wohnungsbau vorbehalten, denn hier verhinderte das Gleis der Militärbahn den Anschluß eines Gütergleises.

Abb. 123, 124

Abb. 19, 20

Aufgrund des stark angestiegenen Vorortverkehrs erhielten einige bisher nur einfach ausgestattete Haltepunkte an der Strecke nach 1900 einen neuen Bahnsteig mit niveaufreiem Zugang. Als erster wurde 1900–1903 der Bahnhof Marienfelde umgebaut und nördlich des Bahnhofsgebäudes ein neuer Inselbahnsteig für den Vorortverkehr angelegt, der vom Bahnhofsvorplatz durch einen Tunnel unter den Gleisen zu erreichen war. Er war mit den üblichen Bahnsteiggebäuden vom Typ Wannseebahn (Dienstraum, Wartehalle, Abort) ausgerüstet, hatte jedoch eine „moderne" Bahnsteigüberdachung mit Mittelstützen erhalten.

Abb. 144–146

1909/10 wurde der Haltepunkt Lichtenrade ausgebaut und erhielt ebenfalls einen niveaufrei zugänglichen Inselbahnsteig mit der gleichen Ausrüstung wie der Bahnhof Marienfelde. Der Eingang zum neuen Bahnsteig lag zu beiden Seiten der noch immer niveaugleichen Kreuzung der Bahnlinie mit der Bahnhofstraße. Zwei zierliche Glashäuschen bildeten den Zugang zum Bahnsteig, ein gleiches Schutzhaus war über der Treppe zum Bahnsteig errichtet. Hier befanden sich Bahnsteigsperre und Kartenverkauf.

Abb. 22
Fahrplan vom 1. Oktober 1901 der Vorortzüge Berlin–Zossen (Bley (1985) 123)

In den Jahren 1912—14 wurde der Haltepunkt Mariendorf der Villenkolonie Südende vollständig umgebaut. Er erhielt ein neues Bahnhofsgebäude unterhalb des Gleiskörpers und einen Mittelbahnsteig mit Bahnsteighäuschen und der jetzt üblichen Bahnsteigüberdachung auf einer Mittelstützenreihe. Im Zuge dieser Umbauarbeiten wurde auch die schmale Unterführung der Tempelhofer Straße (heute Attilastraße) von 8,50 auf 19,90 m verbreitert und ein neues Unterführungsbauwerk errichtet.

Die bereits geplanten neuen Haltestellen zwischen den Stationen Mariendorf und Marienfelde (an der Lankwitzer Straße) und zwischen Marienfelde und Lichtenrade (an der Buckower Chaussee) kamen bis zum Beginn des Ersten Weltkrieges nicht mehr zur Ausführung.

Durch die sich verlangsamende Zunahme der Bebauung in Marienfelde, Lichtenrade und dem weiteren Umland behielt der Vorortverkehr nach Zossen im Gegensatz zu den Linien nach Lichterfelde oder Potsdam auch nach der Jahrhundertwende nur eine untergeordnete Bedeutung. Die Zugfolge verdichtete sich nur langsam (1901: 9 Zugpaare täglich zwischen Berlin und Zossen, 1914: 11 Zugpaare), die Reisezeit verkürzte sich kaum. 1886 benötigte der Zug von Berlin/Anhalter Bahnhof bis Zossen bei 6 Zwischenhalten 75 Minuten, 1901 auf der gleichen Strecke bei jetzt 7 Zwischenhalten nur noch 57 Minuten, 1914 von Berlin/Potsdamer Ringbahnhof bis Zossen bei 9 Zwischenhalten 59 Minuten[18].

Nach dem ersten Weltkrieg wurde aufgrund der im Versailler Vertrag verordneten Schließung der Militäreisenbahn der Vorortverkehr nach Zossen von der Dresdener Bahn allein betrieben.

Die durch den Ersten Weltkrieg und die schwierige wirtschaftliche Situation der Nachkriegszeit nur mit geringen Mitteln ausgeführten Unterhaltungs- und Erneuerungsmaßnahmen trugen zu einer erheblichen Veralterung der baulichen Anlagen und des Maschinenparks bei. Der Vorortverkehr verlor seine ehemals große Attraktivität, war jedoch im Berufsverkehr auf langen Strecken durch kein anderes Verkehrsmittel zu ersetzen. Im innerstädtischen Verkehr dominierten dagegen andere Verkehrsmittel: Hoch- und Untergrundbahn, Straßenbahn und Omnibusse.

Abb. 111

18 Angaben entsprechend den amtlichen Fahrplänen. Vgl. auch P. Bley (1975) 117, 123

Abb. 23
Fahrplan vom 1. Mai 1914 der Vorortzüge Berlin—Zossen—Wünsdorf (Bley (1975) 123)

Aus diesem Grunde wurden schon kurz nach Kriegsende die unterbrochenen Planungen zur Elektrifizierung der Stadt-, Ring- und Vorortbahnen wieder aufgenommen. Im Dezember 1919 konnte die Elektrifizierung der nördlichen Vorortstrecken nach Bernau und Hermsdorf in Auftrag gegeben werden. Am 8. August 1924 fuhr der erste elektrische Zug nach Bernau, Anfang Oktober 1925 wurde der elektrische Betrieb über Hermsdorf hinaus nach Oranienburg ausgedehnt und im März 1929 folgte die Strecke nach Velten. Auf diesem 70,5 km langen Netz sollten die Erfahrungen für die sog. „Große Stadtbahnelektrisierung" gesammelt werden, mit der nach der endgültigen Entscheidung 1926 begonnen wurde. In nur 3jähriger Bauzeit konnten die wichtigsten Strecken der Stadt-, Ring- und Vorortbahnen auf den elektrischen Betrieb (800 V Gleichstrom) umgerüstet werden[19].

Die dafür notwendigen Bau- und Umbaumaßnahmen waren erheblich. Allein für die Stromversorgung mußten 48 Gleichrichterwerke und 2 neue Schaltwerke erbaut werden, entlang den Strecken Kabelkanäle und Stromschienen verlegt werden und die Bahnsteige um 30 cm angehoben werden. Am 11. Juni 1928 wurde der elektrische Betrieb mit den neu angeschafften Triebwagenzügen (Baureihe ET 165, sog. „Stadtbahnwagen") auf der Strecke Potsdam–Erkner eröffnet. Am 2. Juli 1929 konnte auch die seit 1902 bereits elektrisch betriebene, doch jetzt auf 800 V umgerüstete Strecke nach Lichterfelde-Ost an das neue Netz angeschlossen werden.

Die Vorortstrecke nach Zossen blieb dagegen noch weitere 10 Jahre (bis 1939) beim Dampflokomotiven-Betrieb. Die Elektrifizierung der Strek-

[19] REMY, Die Elektrisierung der Berliner Stadt-, Ring- und Vorortbahnen als Wirtschaftsproblem. In: Archiv für Eisenbahnwesen 54 (1931) Beiheft

Abb. 24
Vorortzug nach Zossen mit Dampflokomotive T12. Foto 1930 von der Monumentenbrücke aufgenommen (Gottwaldt (1982) 120, Abb. 209)

Abb. 25
S-Bahnzüge. Oben Versuchszug auf der am 8. August 1924 eröffneten Strecke Stettiner Bahnhof–Bernau, Mitte Prototyp des Stadtbahnzuges der Bauart 1927/30, unten S-Bahnzug der Bauart 1938/41 für die Nordsüd-S-Bahn (Gottwaldt (1982) 16, Abb. 18–20)

Abb. 95

ke wie auch der Bau eines separaten Vorortgleises neben den Fernbahngleisen ab Marienfelde waren wohl geplant, konnten jedoch aufgrund der geringen Finanzmittel der Reichsbahn in den 20er Jahren nicht ausgeführt werden.

Als einzige Verbesserung wurde am Abzweig der Vorortstrecke nach Lichterfelde-Ost am 7. Oktober 1928 der neue Haltepunkt „Priesterweg" eröffnet. Er war zur Verkehrserschließung des Schöneberger Südgeländes gedacht, dessen Bebauung in Aussicht stand, war jedoch auch gleichzeitig als Betriebsbahnhof für den gegenüberliegenden Verschiebebahnhof Tempelhof eingerichtet. Die Architektur des modernen, klar gegliederten Empfangsgebäudes (Arch.: Reichsbahnrat Lüttich) wird in der Veröffentlichung der Bauwelt (1929) als „treffliche Lösung" gewürdigt, bei der „man den Wunsch klar erkennt, die Bedürfnisse zu befriedigen, aber keinen anderen Ansichten Genüge zu tun, besonders auf Repräsentation und Romantik zu verzichten"[20].

20
BUSSE, Neuer Vorortbahnhof bei Berlin. In: Bauwelt 20 (1929) H. 2, 32

Im Zusammenhang mit dem Neubau dieses Bahnhofs wurde die Verzweigungsanlage südwestlich des Rangierbahnhofs Tempelhof umgebaut und das Gleis der ehem. Militärbahn beseitigt. Der komplizierte Übergang der Landstraße von Schöneberg nach Mariendorf wurde durch den Neubau der Unterführung Prellerweg ersetzt.

Abb. 178

Die Zugfolge im Vorortverkehr nach Zossen behielt bis 1930 den 1/2-Stunden-Rhythmus der Vorkriegszeit bei. Erst 1936 wurde das Zugangebot auf drei Züge stündlich erhöht und ein starrer Fahrplan im 20-Minuten-Rhythmus eingerichtet. Der Fahrpreis errechnete sich nach dem allgemeinen Zonentarif des Berliner S-Bahn-Tarifs.

5. Anschluß an die Nordsüd-S-Bahn

Zur Verbindung der nördlichen mit den südlichen Vorortlinien und zur besseren Erschließung der Innenstadt wurde am 4. Februar 1934 im

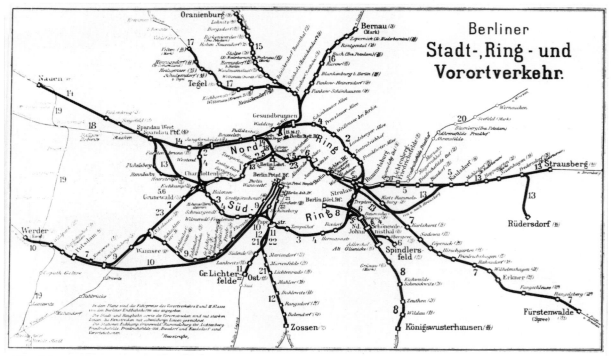

Abb. 26
Streckennetz der Berliner Stadt-, Ring- und Vorortbahnen vor der Elektrifizierung (Gottwaldt (1982) 54, Abb. 89)

Rahmen eines Arbeitsbeschaffungsprogramms der Deutschen Reichsbahn mit dem Bau der Nordsüd-S-Bahn begonnen. Die durch die Innenstadt als Tunnelstrecke konzipierte Linie sollte vom Stettiner Bahnhof (Anschluß der Vorortzüge nach Velten, Oranienburg und Bernau) über Bahnhof Friedrichstraße (Umsteigestation zur Stadtbahn) mit Anschluß an den Potsdamer Bahnhof zum Anhalter Bahnhof führen, wo sie mit den südlichen Vorortlinien nach Potsdam, Zossen und Lichterfelde-Ost verbunden werden sollte.

Am 28. Februar 1936, rechtzeitig zu den Olympischen Spielen in Berlin, konnte der 1. Streckenabschnitt Stettiner Bahnhof–Unter den Linden eingeweiht werden. Erst drei Jahre später, nach erheblichen Änderungen in der Streckenführung, war die Verbindung zum Potsdamer Platz hergestellt, und am 5. November 1939 konnten auch die Züge aus Richtung Zossen und Lichterfelde-Ost in den Tunnel eingeführt werden. Der Potsdamer Ringbahnhof, 1891–1939 Ausgangspunkt der Züge in die südlichen Vororte Berlins, diente jetzt nur noch den auf der Ringbahn verkehrenden Zügen. Die Vorortgleise bis zum Bahnhof Yorckstraße wurden stillgelegt.

Abb. 165

Mit den Bauarbeiten für die Elektrifizierung und Umrüstung der Vorortstrecke nach Zossen, die für die Anbindung an die Nordsüd-S-Bahn notwendig war, wurde bereits 1937 begonnen. Zwei Jahre später, am 15. Mai 1939 konnte als erster Abschnitt die Strecke Priesterweg–Mahlow in Betrieb genommen werden. Damit war zum ersten Mal ein vollelektrischer Betrieb der vom Potsdamer Bahnhof verkehrenden Vorortlinien gegeben, denn auch die Wannseebahn wurde seit dem 15. Mai 1933 mit neuen elektrischen Zügen befahren.

21
M. GRABSKI, Der Bau der Berliner Nordsüd-S-Bahn. Der südliche Teil: Saarlandstraße – Anhalter Bahnhof – Tunnelausläufe: In: ZdBv 60 (1940) 57–77

22
H. BOCK, Die Planungen der Reichsbahndirektion Berlin von 1937 bis 1945. In: Archiv f. Eisenbahntechnik 24 (1969) 16–48.
Vlg. hierzu: „Übersichtskarte der Abschnitte des Bauvorhabens: Berlin, Umgestaltung der Bahnanlagen. April 1939" (Landesarchiv Berlin)

Als Folge des Kriegsbeginns 1939 wurden alle weiteren, im Rahmen der Nordsüd-S-Bahn geplanten Neubaumaßnahmen nicht mehr ausgeführt. So sollte der Bahnhof Papestraße zu einem modernen Umsteigebahnhof („Ostkreuz") wie der Bahnhof Schöneberg („Westkreuz") umgebaut werden und der Anhalter-S-Bahnhof einen unterirdischen Anschluß zum Görlitzer Bahnhof erhalten, um den Vorortverkehr von Königswusterhausen weiter in die Stadt hineinzuführen[21].

Von den Planungen der 1937 gegründeten Reichsbahnbaudirektion Berlin (RBauD) zur Umgestaltung des Berliner Eisenbahnnetzes im Zuge der nationalsozialistischen Reichshauptstadtplanung wurde nur wenig ausgeführt[22]. Die einschneidendste Veränderung hätte für die Bahnanlagen der Dresdener Bahn und die Vorortlinie nach Zossen der Neubau des riesigen Südbahnhofs (22 Gleise) im Bereich des Bahnhofs Papestraße bedeutet. Mit einer Länge von 400 m und einer Höhe von 70 m hätte das monumentale Empfangsgebäude, Endpunkt auch der geplanten Nord-Süd-Achse, alle Bauten seiner Art an Größe übertroffen. Als Vorarbeiten für die Umgestaltung der Gleisanlagen südlich dieses Bahnhofneubaus wurden an der Dresdener Bahn seit 1938 Grundstücke angekauft, Umsiedlungen vorgenommen, Friedhöfe verlegt und mit Dammschüttungen und Kanalisationsarbeiten begonnen. 1940 war der neue Güteraußenring für den Güterverkehr fertiggestellt, der die Dresdener Bahn etwas nördlich des Schichauweges kreuzte.

Von Herbst 1939 an wurde die Ausführung aller nicht kriegswichtigen Bauten eingeschränkt und 1943 fand der geplante Neu- und Ausbau des Berliner Eisenbahnnetzes sein kriegsbedingtes Ende. Im November 1943 begannen die schweren Luftangriffe auf die Reichshauptstadt, doch erst Ende April 1945 wurde der gesamte Betrieb auf der Dresdener Bahn aufgrund der erheblichen Kriegszerstörungen der Strecke und der Fahrzeuge eingestellt.

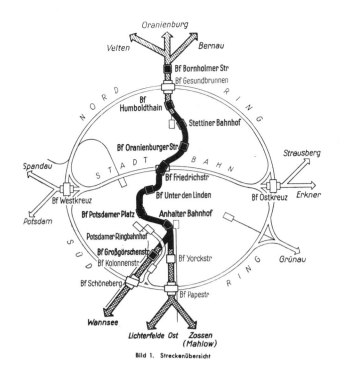

Abb. 27
Streckenverlauf der Nordsüd-S-Bahn zwischen Stettiner und Anhalter Bahnhof (Die Reichsbahn 15 (1939) 960)

Abb. 28
S-Bahnsignet. Am 1. Dezember 1930 zum ersten Mal offiziell verwandt. Hier die typische Form der Nordsüd-S-Bahn (Bildarchiv Preuß. Kulturbesitz)

Abb. 29
Abfahrt des ersten S-Bahnzuges vom neu erbauten Anhalter-S-Bahnhof am 9. Oktober 1939 (Gottwaldt (1982) 19, Abb. 26)

6. Wiederaufbau und Streckenteilung

Den größten Schaden erlitt die Nordsüd-S-Bahn durch die Sprengung des Tunnels unter dem Landwehrkanal am 2. Mai 1945, nur wenige Stunden vor der Kapitulation Berlins. Er lief innerhalb kürzester Zeit voll Wasser. Obwohl schon am 25. Mai mit den Reparaturarbeiten begonnen wurde, konnte erst nach einem Jahr, am 2. Juni 1946 der Streckenabschnitt zwischen Anhalter Bahnhof und Bahnhof Friedrichstraße wieder befahren werden. Die Vorortzüge aus Lichterfelde-Ost wurden erst am 15. August 1946 in den Tunnel eingeführt, die Vorortzüge aus Zossen am 21. September 1946. Die vollständige Wiederherstellung der gesamten Tunnelstrecke konnte erst am 25. Mai 1948 abgeschlossen werden[23]. Die Renovierung der durch den Wassereinbruch stark in Mitleidenschaft gezogenen Bahnsteige wurde in den 60er Jahren mit einfachsten Mitteln durchgeführt.

Am 15. Mai 1946 wurde nach den Beseitigungen der Kriegsschäden der durchgehende Zugbetrieb auf der Zossener Vorortstrecke zwischen Yorckstraße und Mahlow wieder aufgenommen, am 21. September, nach der Wiedereröffnung des Tunnels, auch über Bahnhof Yorckstraße hinaus.

Zwischen Marienfelde und Lichtenrade war auf Wunsch der amerikanischen Besatzungsmacht, zu deren Sektor dieses Gebiet gehörte, beim ehem. Kraftwagenwerk Lichtenrade der bereits vor dem Kriege geplante Haltepunkt „Buckower Chaussee" eingerichtet worden. Die aus Trümmerziegeln und Fachwerk mit einfachsten Mitteln erbaute Station diente hauptsächlich den deutschen Zivilangestellten, die in dem als amerikanisches Hauptdepot genutzten, im Krieg unzerstört gebliebenen Gebäudekomplex arbeiteten.

Abb. 142

[23] R. KERGER, Die Wiederherstellung des zerstörten Tunnels der Berliner Nordsüd-S-Bahn. In: Neue Bauwelt 37 (1946), H. 3, 4, 15, 19; 38 (1947) H. 10; 39 (1948) H. 4, 33

Abb. 30
Der Anhalter Bahnhof 1946. Im Vordergrund Eingang zur S-Bahnstation (Landesbildstelle Berlin)

Abb. 191

Im Sommer 1947 wurde der durchgehende, wenn auch ab Bahnhof Marienfelde nur eingleisige Zugbetrieb durch den Brand der hölzernen Notbrücke über den Teltowkanal unterbrochen. Bis zur Wiederherstellung eines Brückenträgers (1949) mußten die von Süden kommenden Reisenden auf einem Notbahnsteig am Teltowkanal aussteigen, diesen über den neben der Brücke liegenden Fußgängersteg überqueren und bis zum Bahnhof Mariendorf gehen, von wo die Fahrt wieder fortgesetzt werden konnte.

1952 wurde die Strecke im Vorortverkehr zwischen Velten (Mark) über die Nordsüd-S-Bahn bis Mahlow und Rangsdorf wieder im 30-Minuten-Verkehr befahren, seit 1954 im Berufsverkehr zusätzlich im 15-Minuten-Rhythmus.

In der Nacht vom 12. zum 13. August 1961 wurde die bis dahin offene Grenze nach Ost-Berlin und zur DDR geschlossen. Das S-Bahn-Netz wurde in einen westlichen und östlichen Abschnitt geteilt, die keine Verbindung untereinander mehr hatten. Die Vorortzüge nach Zossen endeten jetzt im Bahnhof Lichtenrade. Die einspurige Strecke zwischen Lichtenrade und Mahlow wurde stillgelegt.

Bauliche Verbesserungen an den Stationsgebäuden wie an der Strecke wurden seit 1961 nicht mehr ausgeführt, jedoch in den 70er Jahren zwei stark befahrene niveaugleiche Bahnübergänge umgebaut (1976 Lankwitzer Brücke, 1979 Unterführung Marienfelder Allee). Der nach dem Bau der Berliner Mauer einsetzende S-Bahn-Boykott und die verstärkte Erschließung des Berliner Südens durch Buslinien der Berliner Verkehrs-Betriebe (BVG) führten zu einem schnellen Rückgang der Fahrgastzahlen.

Mit der Einführung des Winterfahrplans am 28. September 1980 wurde, mit Bezugnahme auf den vorausgegangenen S-Bahn-Streik, ein Großteil der West-Berliner Strecken stillgelegt und der Betrieb stark eingeschränkt. So fuhr seit diesem Tag die Zuggruppe N I, Frohnau–Lichtenrade nur noch im 20-Minuten-Takt zwischen 5 Uhr morgens und 20 Uhr.

7. Nachtrag

Nach Abschluß der Verhandlungen zwischen dem Berliner Senat und der Deutschen Reichsbahn über die Übernahme der S-Bahn in Berlin (West) gingen am 9. Januar 1984 alle in West-Berlin gelegenen S-Bahnstrecken in die Betriebsführung der Berliner Verkehrs-Betriebe (BVG) über. Außer den beiden Strecken Anhalter Bahnhof–Lichtenrade (S 2) und Charlottenburg–Friedrichstraße (S 3) wurden alle anderen Linien erst einmal eingestellt.

Auf den Bahnhöfen der noch betriebenen Streckenabschnitte wurden vorerst keine baulichen Veränderungen durchgeführt, nur neue Hinweisschilder angebracht, die auf Umsteigemöglichkeiten zu Bus- und U-Bahnlinien aufmerksam machen. Die Bahnhofsschilder mit der Aufschrift „Deutsche Reichsbahn" wurden entfernt und Fahrkartenautomaten der BVG aufgestellt.

Der Fahrplan für die Linie S 2 nach Lichtenrade mit einem Zugabstand von 20 Minuten wurde aufgrund des eingleisigen Streckenabschnitts nicht verändert, doch gilt seit dem 9. Januar 1984 ein einheitlicher Verkehrstarif für U-Bahn, S-Bahn und Autobus. Das BVG-Signet mit Bus und U-Bahn wurde, als Zeichen für die Integration des „neuen" Verkehrsmittels, um die Vorderansicht eines S-Bahnwagens erweitert.

Hartwig Schmidt

Streckenabschnitt Anhalter Bahnhof bis Bahnhof Lichtenrade

Bestandsaufnahme unter denkmalpflegerischen Gesichtspunkten

1. Bahnhöfe

Die 8 Bahnhöfe dieses Streckenabschnitts sind entsprechend der wechselvollen Geschichte der Bahnlinie in verschiedenen Zeitabschnitten erbaut und verändert worden. Aus der Gründungszeit der Dresdener Bahn (1875) hat sich kein Gebäude erhalten. Die Standorte des ehem. Dresdener Bahnhofs und des Haltepunktes Südende B. D. sind nur noch schwer zu lokalisieren. Nur der Haltepunkt Marienfelde ist, wenn auch in veränderter Form, erhalten geblieben und zu einem nicht unbedeutenden Personen- und Güterbahnhof ausgebaut worden. Von eher lokaler Bedeutung waren und sind die Bahnhöfe Lichtenrade, Mariendorf und Yorckstraße. Der für die vorgesehene Neubebauung des Schöneberger Südgeländes errichtete Haltepunkt Priesterweg hat aufgrund der nur teilweise durchgeführten Bebauung (Siedlung Grazer Damm) nie seine geplante Bedeutung erhalten.

Im Zuge der Nordsüd-S-Bahn sollte der Umsteigebahnhof Papestraße zu einem modernen Kreuzungsbahnhof umgebaut werden, doch sahen die weit gesteckten Ziele der Reichshauptstadtplanung hier den gigantischen Südbahnhof vor. Der Umbau fand nicht statt, so daß dieser, für die Bahnhofsgebäude der Jahrhundertwende typische Bau im Stil der märkischen Backsteingotik erhalten geblieben ist.

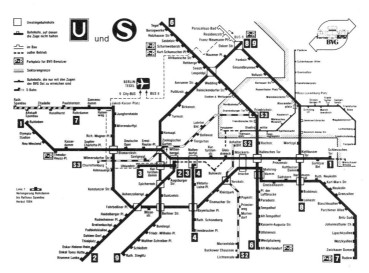

Abb. 31
Das Betriebsnetz der Berliner Verkehrs-Betriebe (BVG) nach der Übernahme der S-Bahn am 9. Januar 1984

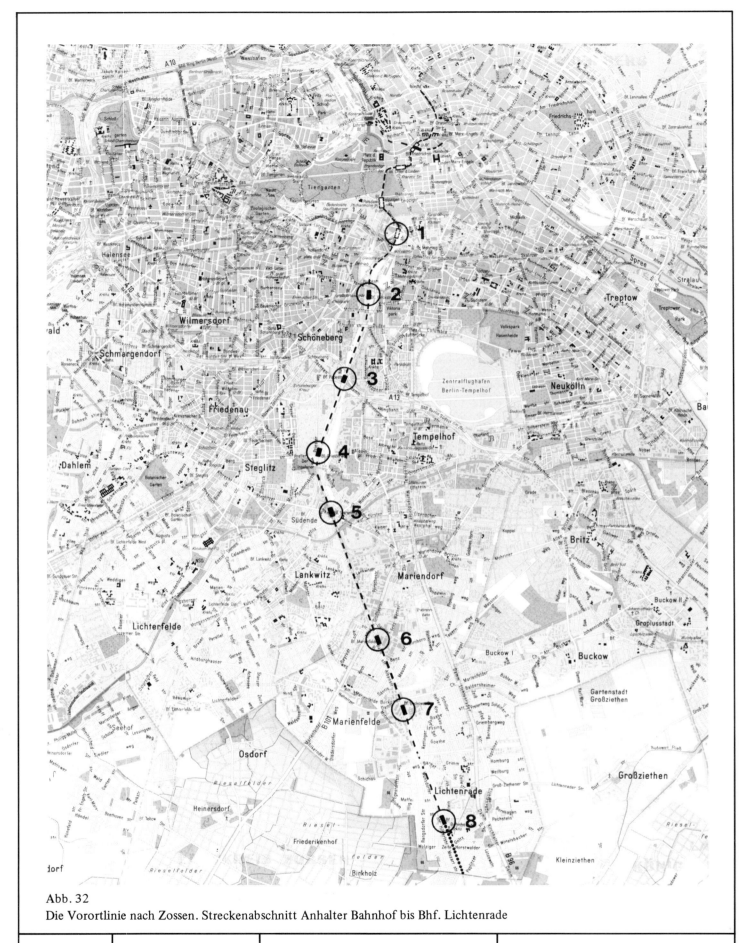

Abb. 32
Die Vorortlinie nach Zossen. Streckenabschnitt Anhalter Bahnhof bis Bhf. Lichtenrade

Erhalten hat sich leider nicht die Innenausstattung des Anhalter-S-Bahnhofs, des modernsten Bahnhofs dieses Streckenabschnitts. Überflutung und Renovierung (1965) haben den Glanz des ehemals ganz mit weißen Glasplatten verkleideten Bahnhofs weitgehend zerstört.

Eine kriegsbedingte Kuriosität ist der Haltepunkt Buckower Chaussee am ehem. Kraftwagenausbesserungswerk Lichtenrade. Er wurde auf Wunsch der amerikanischen Besatzungsmacht von der DR 1946 erbaut und ist nicht nur ein eindrückliches Beispiel für die frühe Nachkriegsarchitektur der Reichsbahn, sondern auch für die damals noch stattfindende Zusammenarbeit der Besatzungsmächte.

Unter denkmalpflegerischen Gesichtspunkten betrachtet sind die Bahnhöfe dieser S-Bahn-Strecke nicht alle bedeutende Denkmale der Berliner Verkehrsarchitektur, doch ist jeder für sich, unabhängig von seiner architektonischen Qualität, ein wichtiges historisches Zeugnis der Verkehrserschließung der südlichen Berliner Vororte.

Abb. 33
Streckennetz der Berliner S-Bahn 1949 (Landesbildstelle Berlin)

Legende zu Abb. 32

1 Anhalter Bahnhof
2 Bahnhof Yorckstraße
3 Bahnhof Papestraße
4 Bahnhof Priesterweg
5 Bahnhof Mariendorf
6 Bahnhof Marienfelde
7 Haltepunkt Buckower Chaussee
8 Bahnhof Lichtenrade

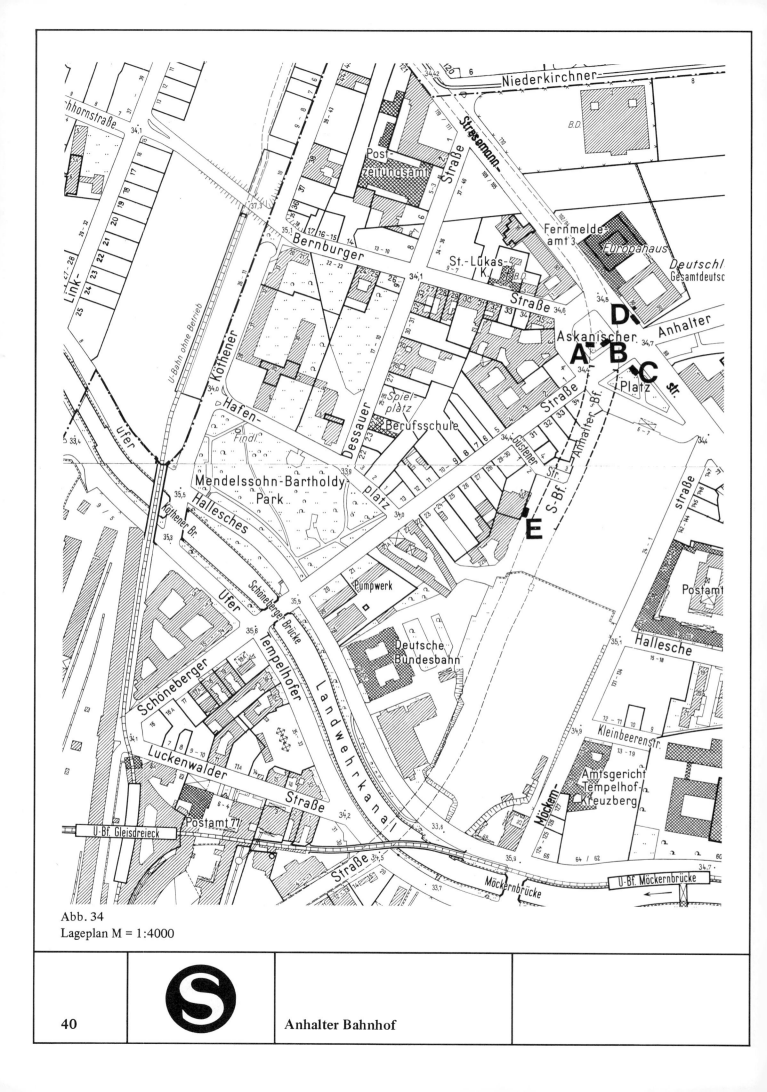

Abb. 34
Lageplan M = 1:4000

40 — S — Anhalter Bahnhof

Anhalter Bahnhof

Am 8. Oktober 1939 wurde das Schlußstück der Berliner Nordsüd-S-Bahn fertiggestellt und mit der Wannseebahn verbunden. Damit war zum ersten Mal ein durchgehender Zugverkehr von Oranienburg nach Potsdam möglich. Einen Monat später, am 5. November 1939, konnten auch die beiden Vorortlinien nach Zossen (Mahlow) und Lichterfelde-Ost an die Nord-Süd-Strecke angeschlossen werden.

Der neue S-Bahnhof lag an der Westseite des Anhalter Bahnhofs und erstreckte sich von der Mitte des Askanischen Platzes bis fast zum Ende des Empfangsgebäudes des Fernbahnhofs. Wie beim Bahnhof „Potsdamer Platz" waren auch hier zwei Bahnsteige für den Richtungsbetrieb angelegt.

Die ungewöhnlich tiefe Lage der Tunnelstrecken an dieser Stelle (OKS = 11,50 m unter Straßenniveau) hatte sich aus dem Wunsch ergeben, direkt auf dem S-Bahn-Tunnel einen zweiten Tunnel für eine U-Bahnlinie von Neukölln nach Moabit im Zuge der Saarlandstraße (heute Stresemannstraße) zu erbauen. In Anpassung an die Pläne zur baulichen Umgestaltung der Reichshauptstadt mußte dieses Vorhaben jedoch aufgegeben werden zugunsten der Einführung einer S-Bahnlinie vom Görlitzer Bahnhof als Fortsetzung der Vorortlinie von Königswusterhausen, die keinen Anschluß an die bestehenden Nord-Süd- oder Ost-West-Strecken hatte. Daraus ergab sich als besondere Schwierigkeit, außer der Verlegung einer niveaufreien Kreuzung der zum Potsdamer Platz führenden Gleise, die Unterfahrung des Europa-Hauses. Von dieser Tunnelstrecke wurden nur die Anschlußstutzen ausgeführt.

Der Hauptzugang zum neuen Bahnhof lag am Askanischen Platz. Hier führten 4 Zugänge (im Lageplan: A–D) von den einzelnen Straßen in eine auf halber Höhe zwischen Straßenniveau und den Bahnsteigen liegende große Vorhalle mit Fahrkartenschaltern, Sperren, Diensträumen und Verkaufsständen für Reisebedarf. Zu beiden Seiten der Halle führten breite Treppen mit seitlichen Fahrtreppen (nur aufwärts) zu den beiden Richtungsbahnsteigen hinunter. Ein Verbindungsgang in der Mitte des Bahnsteigs ermöglichte die bequeme Passage zum Anhalter Fernbahnhof und führte sowohl in die Schalterhalle wie auch auf den 4,50 m höherliegenden Querbahnsteig. Neben diesem Verbindungsgang lag der Gepäcktunnel für die Übergabe des Reisegepäcks zum Stettiner Bahnhof oder Bahnhof Friedrichstraße. Am Ende des Bahnsteigs war als weiterer Zugang ein Nebeneingang (im Lageplan: E) mit kleiner Vorhalle, Fahrkartenverkauf und Sperre. Hier endete auch der Posttunnel vom Anhalter Fernbahnhof. Beim Bau des Hochbunkers neben dem Bahnhof wurden dieser Nebeneingang und der Posttunnel als Verbindungsgang zum Bunker vom Fern- und S-Bahnhof hergerichtet.

Abb. 55

Die architektonische Gestaltung des Bahnhofs (Arch.: Richard Brademann) entsprach dem am 15. April 1939 eröffneten Bahnhof Potsdamer Platz. Die Wände waren mit großen weißen Opak-Glasplatten (Format 53 x 32 cm) verkleidet, die die unterirdischen Räume hell und freundlich aussehen ließen, und in die die Stationsbezeichnungen unverwischbar eingebrannt waren.

Die Stahlstützen in der Schalterhalle waren, wie die Wände, mit weißen Glasplatten verkleidet. Die Stützen auf den Bahnsteigen und zwischen den Gleisen waren dagegen mit grünem Glas umkleidet, um dem Bahnhof eine besondere Kennfarbe zu geben. Im gesamten Bahnhofsbereich waren etwa 4000 qm Glasplatten verlegt worden.

Die Sockel der Säulen hatten eine Verkleidung aus Kunststein im Material des Fußbodenbelages erhalten. Die Bronze imitierenden, im Goldton gestrichenen schmalen Kapitelle, wie auch die Deckenprofile der Wände, waren aus Hartstuck gearbeitet.

Für Geländer, Rahmen und Handläufe waren Leichtmetallprofile verwendet worden. Auf jeglichen künstlerischen Schmuck, wie er auf einigen anderen Bahnhöfen der Nordsüd-Linie angebracht worden war, hatte man verzichtet.

Die Eingänge zum Bahnhof waren einheitlich ausgebildet. Sockel und Wände bestanden aus Muschelkalk. Die seitliche Umkleidung der Treppe in Straßenhöhe war aus Kunststein hergestellt und zwischen niedrigen I-Stützen eingespannt. Als Material für die obere dreiecksförmige Abdeckung hatte man „Eisenkunstguß" verwandt.

Jeder Zugang war durch eine schlanke Stahlsäule gekennzeichnet, auf der das 1930 eingeführte S-Bahn-Signet (hier auf rundem Grund) angebracht war, nachts als Lichtzeichen aus Neonröhren weithin sichtbar.

Heutiger Zustand

Der vor allem durch die Überflutung des Nordsüd-Tunnels schwer in Mitleidenschaft gezogene unterirdische Teil des Bahnhofs wurde 1965 mit einfachen Mitteln renoviert. Die Verkleidung der Bahnsteigstützen und Wandflächen mit weißen und grünen Glasplatten wurde durch kleine braune Keramikfliesen ersetzt. Erhalten blieb nur die weiße Verkleidung der Diensträume unter den Treppen wie auch die der Gepäckaufzüge, desgleichen die in das Glas gebrannten Stationsbezeichnungen „Anhalter Bahnhof" in gotischen Lettern.

Moderne Zutaten sind die beiden Kioske auf den Bahnsteigen.

Die höherliegende Schalterhalle ist durch Umbauten weitgehend verändert worden. Sie hat durch die Verbauung der Sperren ihren großzügigen Raumeindruck verloren. Nur noch wenige Wände sind mit weißen Glasplatten verkleidet. An ihre Stelle sind hellgrün glasierte Keramikplatten getreten, die ebensowenig zu der funktional-sachlichen Ausstattung des Raumes passen wie das Restaurant an der Ecke der beiden Ausgänge. An dieser Stelle mündete ehemals der heute nicht mehr vorhandene vierte Zugang vom nördlichen Bürgersteig der Saarlandstraße (heute Stresemannstraße).

Von der ursprünglichen Ausstattung haben sich eine Uhr am Pfeiler gegenüber dem ehem. Fahrkartenverkauf und die Leichtmetallrahmen der Fahrkartenschalter erhalten. Neben dem heute als Fahrkartenverkauf und Sperre benutzten Raum steht noch eine der typischen S-Bahn-Sperren mit ihrem rot-ockergelben Anstrich. (Abb. 47)

Von den ehemals insgesamt 5 Eingängen sind heute nur noch die drei Eingänge am Askanischen Platz geöffnet. Der 4. Eingang vor dem Europa-Haus ist abgebrochen worden, ebenso der Nebeneingang am südlichen Ende des Bahnsteigs. Geschlossen sind auch die öffentlichen Toiletten, deren ehem. Zugänge neben dem Eingang in Platzmitte noch sichtbar sind. (Abb. 54)

Die Bausubstanz der Eingänge – Wandverkleidung aus Muschelkalkplatten, Treppenstufen, Handläufe und Kunststeinumkleidung der Treppen – ist noch im ursprünglichen Zustand erhalten. Dazu die für die Nordsüd-Bahnhöfe Unter den Linden, Potsdamer Platz und Anhalter Bahnhof entworfenen Säulen mit den runden, nachts leuchtenden S-Bahn-Zeichen. (Abb. 28)

M. GRABSKI, Vom Bau der Berliner Nordsüd-S-Bahn. Achter Bildbericht. In: Die Reichsbahn 15 (1939) 410–417.
M. GRABSKI, Der Bau der Berliner Nordsüd-S-Bahn. Der südliche Teil: Saarlandstraße – Anhalter Bahnhof – Tunnelausläufe. In: ZdBv 60 (1940) 57–77.
R. KERGER, Die Wiederherstellung des zerstörten Tunnels der Berliner Nordsüd-S-Bahn. In: Neue Bauwelt 37 (1946) H. 3, 4, 15, 19; 38 (1947) H. 10; 39 (1948) H. 4, 33

Denkmalpflegerische Maßnahmen

Unter denkmalpflegerischem Gesichtspunkt ist der Bahnhof aufgrund seiner hohen architektonischen Qualität und seiner Bedeutung als Endpunkt der Nordsüd-S-Bahn entsprechend seinem ursprünglichen Aussehen wieder herzustellen. Die raumtrennenden späteren Einbauten in der Schalterhalle im Bereich der Sperren sind zu entfernen, die Rolltreppen wieder freizulegen. Die beiden Kioske auf den Bahnsteigen sind wegen ihrer geringen architektonischen Qualität nicht erhaltenswert.

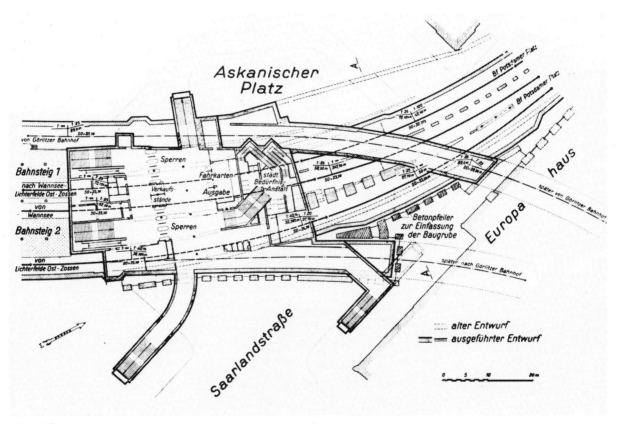

Abb. 35
Grundriß der Eingangshalle. Rechts seitlich die Tunnelstutzen für die S-Bahnlinie zum Görlitzer Bahnhof (ZdBv 60 (1940) 65, Abb. 19)

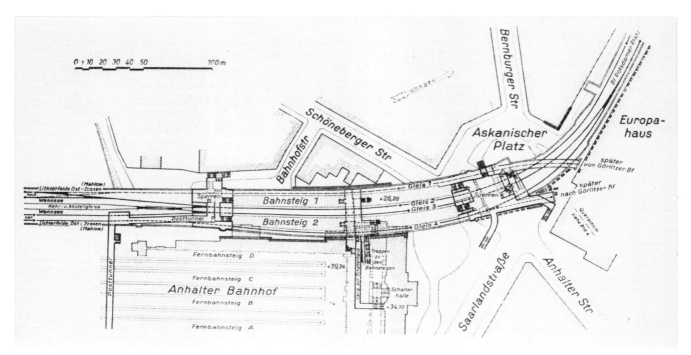

Abb. 36
Lageplan des Anhalter S-Bahnhofs 1939 (Die Reichsbahn 15 (1939) 962, Abb. 5)

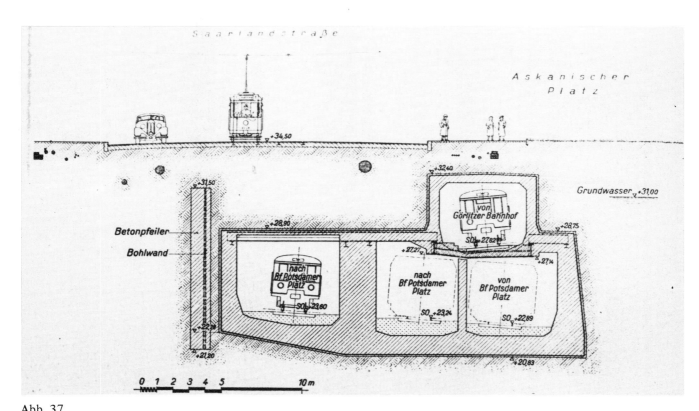

Abb. 37
Querschnitt durch den S-Bahntunnel in der Saarlandstraße (heute Stresemannstraße). Überschneidung des Tunnelprofils durch das später geplante Streckengleis zum Görlitzer Bahnhof. Schnittebene siehe Abb. 36 (Die Reichsbahn 15 (1939) 962, Abb. 4)

Abb. 38
Bahnsteighalle. Aufgang zur Eingangshalle. Foto 1939 (Die Reichsbahn 15 (1939) 963, Abb. 7)

Abb. 39
Bahnsteighalle. Im Hintergrund Übergang zum Anhalter Fernbahnhof. Foto 1939 (Die Reichsbahn 15 (1939) 963, Abb. 8)

Abb. 40
Eingang C. Im Hintergrund die Ruine des Anhalter Bahnhofs

Abb. 41
Eingang B. Links die Stresemannstraße

Anhalter Bahnhof

Abb. 42
Eingang C. Rechts die Schöneberger Straße

Abb. 43
Eingang C. Eingangstreppe

Anhalter Bahnhof

Abb. 44
Eingang B. Rechts ehem. Zugang zu den Toilettenanlagen

Abb. 45
Eingang C. Eingangstreppe mit eingebauten Beleuchtungskörpern

Anhalter Bahnhof

Abb. 46
Schalterhalle. Blick auf die Zugangstreppe (A) vom Askanischen Platz

Abb. 47
Schalterhalle. Bahnsteigsperre mit ehem. Häuschen für die Fahrkartenkontrolle (sog. „Wanne"). Dahinter Treppe zum Bahnsteig

Abb. 48
Bahnsteig (Gleis 3 und 4). Im Vordergrund Gepäckaufzug. Dahinter der ehem. Übergang zum Anhalter Fernbahnhof

Abb. 49
Bahnsteig (Gleis 1 und 2). Treppe zum ehem. Verbindungsgang mit dem Anhalter Fernbahnhof

Anhalter Bahnhof

Abb. 50
Bahnsteig (Gleis 3 und 4) mit S-Bahnzug in Richtung Lichtenrade

Abb. 51
Bahnsteig (Gleis 1 und 2). Im Hintergrund ein Kiosk aus der Nachkriegszeit

Abb. 52
Bahnsteig (Gleis 3 und 4). Dienstraum mit originaler Glasplattenverkleidung und Beschriftung

Abb. 53
Bahnsteig (Gleis 1 und 2) mit S-Bahnzug in Richtung Norden

Anhalter Bahnhof

Abb. 54
Luftaufnahme Askanischer Platz und Gelände des ehemaligen Anhalter Personenbahnhofs. Auf dem Askanischen Platz und dem Gehsteig der Stresemannstraße (am linken Bildrand) die Eingänge zum S-Bahnhof. Foto 1966 (Landesbildstelle Berlin)

Abb. 55
Hochbunker am Anhalter Bahnhof. Links ein Lüftungsschacht des S-Bahnhofs

Anhalter Bahnhof

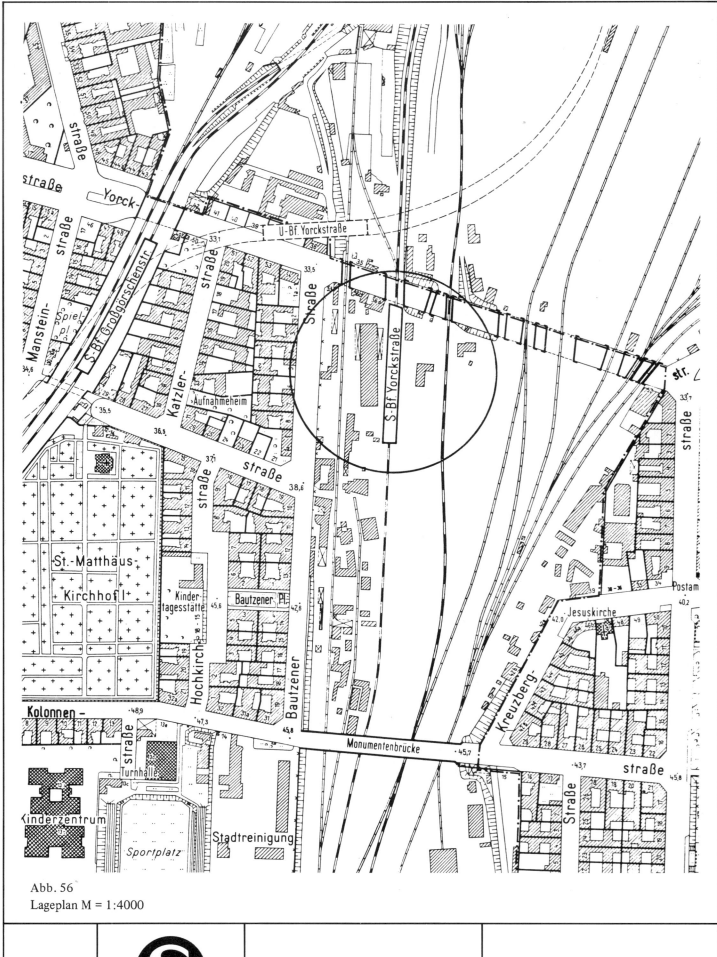

Abb. 56
Lageplan M = 1:4000

Bahnhof Yorckstraße

Bahnhof Yorckstraße

Am 1. Mai 1903 wurde der Bahnhof Yorckstraße (bis 1909 Yorkstraße geschrieben) für den Vorortverkehr der Dresdener und Anhalter Bahn eröffnet. Er war geplant und erbaut worden im Zuge der Verlegung des separaten Vorortgleises vom Potsdamer Ringbahnhof nach Lichterfelde-Ost und diente hauptsächlich der Erschließung der in dieser Gegend neu entstandenen Wohnviertel. In nicht allzuweiter Entfernung lag der Haltepunkt „Großgörschenstraße" der Wannseebahn.

Für das Empfangsgebäude stand an dem engen Straßendurchbruch kein bebaubares Grundstück zur Verfügung, so daß ein Bauplatz durch die Abtragung der Bahndammböschung erst geschaffen werden mußte. Die Belichtung der Seiten- und Rückfront war deshalb auch nur mit Hilfe ummauerter Höfe möglich.

Die architektonische Gestaltung des Empfangsgebäudes entsprach den Formen der mittelalterlichen märkischen Backsteingotik. Architekt war der Landbaumeister Cornelius, dem es trotz der schwierigen Grundstückssituation gelang, dem Gebäude ein freundliches Aussehen zu geben durch die Kombination von rotem Ziegelmauerwerk mit weißem Fugennetz, weiß gestrichenen Fensterrahmen und hellen Fensterbrüstungen und Giebelflächen. Den Eingang zur Schalterhalle betonte ein hoher Maßwerkgiebel. Ein kräftig profiliertes Kranzgesims umschloß den kubischen Baukörper, den ein steiles Schieferdach, hohe Schornsteine und eine lange Fahnenstange bekrönten.

Die im Grundriß fast quadratische 2-geschossige Schalterhalle war durch Blendarkaden gegliedert, in die die Schalter für den Fahrkartenverkauf und die Gepäckannahme eingebaut waren. Eine zusätzliche Belichtung der Halle wurde durch eine Reihe schmaler Obergadenfenster über dem Tunnel zum Bahnsteig geschaffen.

Der als Halbtonne in Ziegelsichtmauerwerk ausgeführte Tunnel unterquerte die zum Dresdener Güterbahnhof führenden Gleise und war auf seiner Nordseite gleichzeitig Auflager für die neu erbauten eisernen Brücken über die Yorckstraße. Das Gewölbe war wie die Hallenwände mit gelben Klinkern gemauert, die senkrechten Wandflächen jedoch mit weiß glasierten Klinkern, in die als Kämpfer ein ornamentales Friesband mit roten Ziegeln eingelegt war. Ein Granitsockel schützte die Wandflächen vor Beschädigung.

Am Ende des Tunnels setzte im stumpfen Winkel die Treppe zum Bahnsteig an. Der räumliche Übergang vom dunklen Tunnel zum hellen Treppenschacht war durch einen breiten, leicht vorkragenden Bogen betont, die Ecke durch eine gußeiserne Eckschutzschiene verstärkt. Die mit zwei Ruhepodesten versehene Treppe war mit einem leichten eisernen Schutzhaus überbaut, das über einer geschlossenen Brüstungszone bis zur Dachtraufe dreiseitig verglast war. Die gemauerten Seitenwände des Treppenschachtes waren, wie die Tunnelwände, mit weißglasierten Ziegeln verkleidet. Ein Abschlußfries aus roten Ziegelornamenten und einfache senkrechte und waagerechte Unterteilungen gliederten die Wandflächen. Über dem Abschlußfries lag ein Granitsockel in Höhe des Bahnsteigniveaus, auf dem das eiserne Schutzhaus aufsaß. Eine zweiflügelige Tür schloß den Treppenschacht zum Bahnsteig hin ab.

Der sehr schmale, auf der Zugangsseite nur 5,90 m breite Bahnsteig war durch ein von gußeisernen Stützen getragenes Dach vom Typ Wannseebahn überdeckt (20 Stützenpaare). Die bauliche Ausstattung bestand aus den üblichen 3 Aufbauten: Warteraum, Dienstraum und Toilettenhaus (am Ende des Bahnsteigs). Dazu Sitzbänke mit hohen Rückenlehnen und ein Fahrtzielanzeiger.

Bahnhof Yorckstraße

Der Bahnsteig war mit Kleinmosaik gepflastert, die Bahnsteigkanten aus Granit hergestellt. Die Höhe des Bahnsteigs lag 76 cm über Oberkante der Schienen.

Wahrscheinlich 1939 wurde der Bahnsteig für die Einführung der Nordsüd-S-Bahn umgebaut. Er verlor dabei seine charakteristische gebogene Form (vgl. Abb. 58, 60). Das Bahnsteigdach wurde um 7 Stützenpaare verkürzt.

Heutiger Zustand

Die einfache rechtwinklige Kratzputzfassade der Straßenfront läßt kaum vermuten, daß sich dahinter noch das ehemals reichgegliederte Empfangsgebäude verbirgt. Nur an der Seite zum Hof haben sich die alten Fensterformate und die rote, im Laufe der Jahrzehnte stark eingedunkelte Ziegelwand erhalten. In der Schalterhalle sind die Arkaden zugesetzt worden. Von der ursprünglichen Ausstattung ist außer dem Fußboden aus Mettlacher Fliesen wenig erhalten geblieben. Tunnel und Treppenschacht zeigen, mit einigen Einschränkungen, noch die alten Wand- und Deckenoberflächen. Die hölzernen Handläufe mit ihren schweren gußeisernen Halterungen sitzen noch an ihrem ursprünglichen Ort. Das eiserne Schutzhaus hat seine Dekorationsteile (Akroterien) verloren, ebenso fehlen die Pendeltüren zum Bahnsteig.

Die Erhöhung des Bahnsteigs 1929 um 30 cm für die neuen elektrischen

Abb. 57
Empfangsgebäude des Bahnhofs Yorckstraße. Foto um 1909 (ZdBv 63 (1909) 421, Abb. 10)

S-Bahnwagen wird außer an den zwei zusätzlichen Stufen am Ende der Treppe auch an den tief in den Boden gesunkenen Stützen (Profilablauf) deutlich. Durch die außergewöhnlich geringe Breite des Bahnsteigs (im Durchschnitt 6 m) sind die für eine Bahnsteigbreite von 10,20 m entworfenen Hallenstützen viel zu dicht zusammengerückt, so daß ein ungünstiges Proportionsverhältnis entsteht. Die etwas klobige Dachkonstruktion scheint bei einer Reparatur der Nachkriegszeit in dieser Form entstanden zu sein.

Von der ehemaligen Gebäudeausstattung des Bahnsteigs ist nichts erhalten geblieben. Alle vorhandenen Bahnsteigaufbauten sind einfache Nachkriegsbauten. Hinzugekommen ist, wie auf allen Stationen dieser Strecke, ein Splitterbunker; hier am Ende des Bahnsteigs gelegen.

Denkmalpflegerische Maßnahmen

Unter denkmalpflegerischen Gesichtspunkten ist das Empfangsgebäude unter Erhaltung der ursprünglichen Ausstattung zu modernisieren. Bei einer Verbreiterung des Bahnsteigs sind die Hallenstützen auszubauen und dem ursprünglichen Entwurf entsprechend neu zu versetzen. Das hölzerne Dach ist nach Bauvorlagen zu rekonstruieren. Tunnel und Treppenschacht mit Schutzhaus sind sorgfältig zu renovieren.

Die Bahnsteigbauten der Nachkriegszeit sind nicht erhaltenswert. Als Bahnsteigbelag ist das vorhandene Kleinpflaster beizubehalten.

RÜDELL, Neuere Eisenbahnhochbauten. In: ZdBv 63 (1909) 418, 421

Grundrisse des Empfangsgebäudes
rechts: Obergeschoß (Dienstwohnung)
links: Erdgeschoß (Eingangshalle)

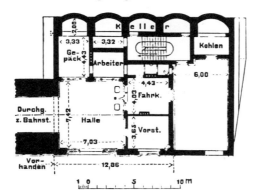

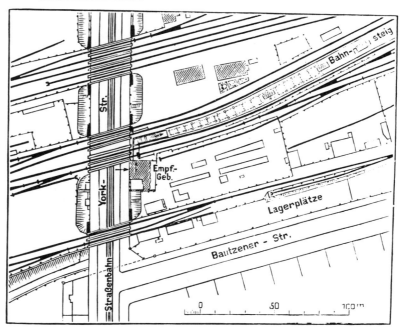

Abb. 58
Bahnhof Yorckstraße. Grundrisse und Lageplan (ZdBv 63 (1909) 421, Abb. 11–43)

Abb. 59
Bahnhof Yorckstraße. Im Vordergrund das Empfangsgebäude, daneben die Überführung Yorckstraße und der Bahnsteig mit S-Bahnzug in Richtung Lichtenrade. Links vom Bahnsteig das Gelände des ehem. Dresdener Güterbahnhofs mit den Ruinen der Magazinschuppen (Behrens/Noth, Berliner Stadtbahnbilder. Berlin 1980, 71)

Bahnhof Yorckstraße

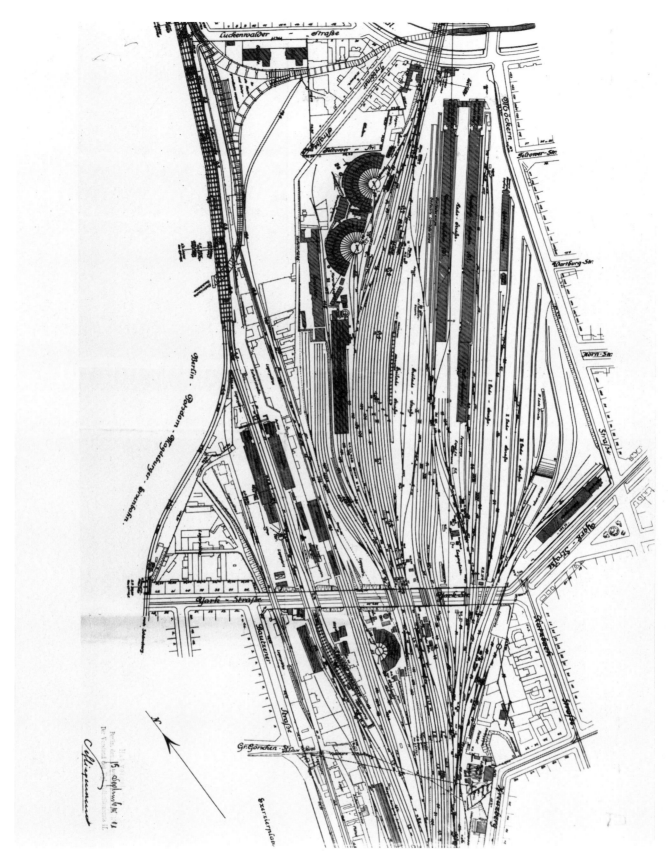

Abb. 60
Situationsplan der Gleisanlagen des Dresdener und Anhalter Güterbahnhofs 1911 (Bauakte Anhalter Bahnhof, Bd. 26, Bauaufsichtsamt Kreuzberg)

Abb. 61
Empfangsgebäude. Rechts Wohnhaus mit Restaurationsbetrieb im Erdgeschoß (erbaut 1905, Arch.: Klitscher & Afdring)

Abb. 62
Empfangsgebäude. Obergadenfenster in der Schalterhalle

Bahnhof Yorckstraße

Abb. 63
Empfangsgebäude. Ansicht vom Bahnsteig aus

Abb. 64
Empfangsgebäude. Durchgang von der Halle zum Bahnsteig

Bahnhof Yorckstraße

Abb. 65
Treppe vom Tunnel zum Bahnsteig

Abb. 66
Treppendetail

Bahnhof Yorckstraße

Abb. 67
Schutzhaus über der Treppe zum Bahnsteig

Abb. 68
Übergang vom Tunnel zum Treppenschacht

Abb. 69
Treppe zum Bahnsteig

Bahnhof Yorckstraße

Abb. 70
Bahnsteig. Blick vom Treppenaufgang

Abb. 71
Bahnsteig. Blick auf das Schutzhaus über der Zugangstreppe

Bahnhof Yorckstraße

Abb. 72
Splitterbunker am Ende des Bahnsteigs

Abb. 73
Dienstgebäude am Ende des Bahnsteigs. Neubau der Nachkriegszeit

Bahnhof Yorckstraße

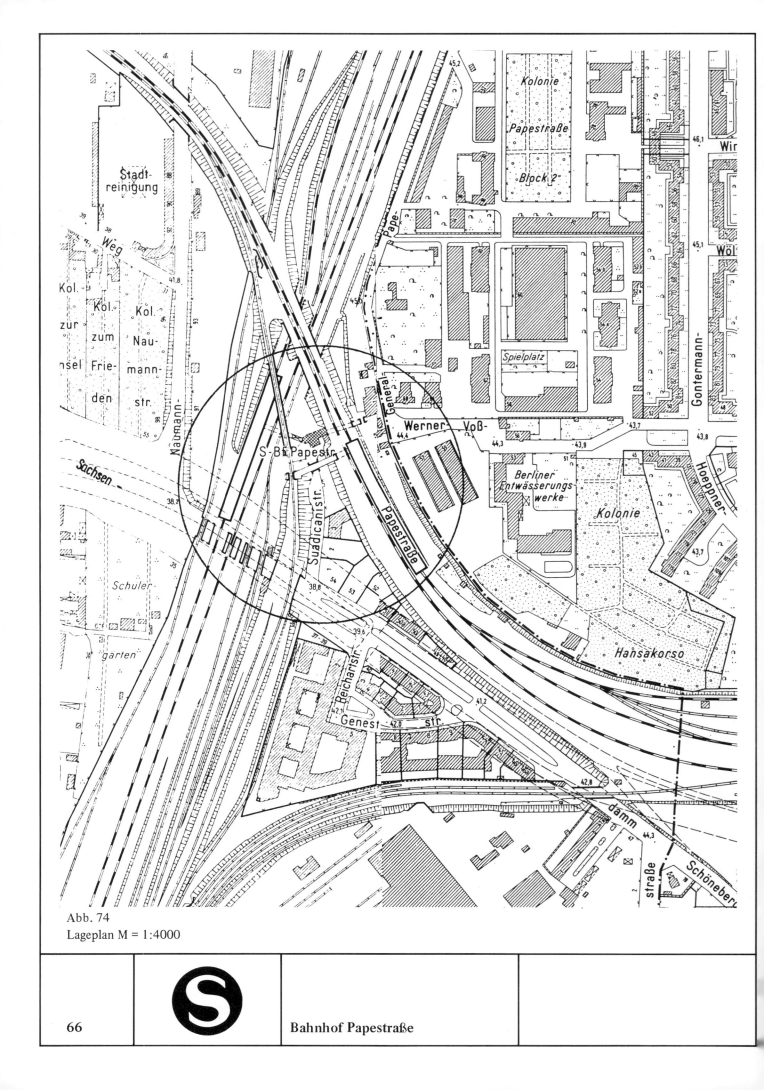

Abb. 74
Lageplan M = 1:4000

66 — Bahnhof Papestraße

Bahnhof Papestraße

Nach Fertigstellung der neuen Vorortstrecke nach Lichterfelde-Ost wurde der Bahnhof Papestraße am 1. Dezember 1901 für den Vorortverkehr der Dresdener und Anhalter Bahn eröffnet, nachdem er bereits am 1. Januar d. J. für den Ringbahnverkehr in Betrieb genommen worden war.

Das Empfangsgebäude war im spitzen Winkel der Kreuzung der auf hoher Dammschüttung vorbeiführenden Ringbahngleise mit den ebenerdig verlegten Fern- und Vorortgleisen erbaut worden. Der gemeinsame Eingang zu beiden Bahnsteigen befand sich in einem eingeschossigen Anbau, an den sich zum Ringbahnsteig die 2-geschossige Schalterhallte anschloß. Belichtet wurde die mit einer reich profilierten, durch drei Träger unterteilten Holzdecke versehene Halle durch drei große Fenster mit halbrunden Bögen. Diesen entsprachen auf der gegenüberliegenden Seite drei Blendarkaden, die Öffnungen für die Gepäckannahme, den Fahrkartenverkauf und den Zugang zu den Toiletten enthielten. In dem zweigeschossigen kubischen Hauptgebäude mit gelber Klinkerfassade, steilem Ziegeldach und Eckturm waren, außer den Diensträumen im Erdgeschoß, Wohnräume für den Stationsvorsteher und Zimmer für das Zug- und Streckenpersonal untergebracht.

Den Bahnsteig der Ringbahn erreichte man durch einen ebenerdigen Tunnel von der Schalterhalle aus und eine im rechten Winkel davon abgehende Treppe, die am Ende des Bahnsteigs mündete. Durch diesen Tunnel unter den Ringbahngleisen war der Bahnhof auch mit der General-Pape-Straße verbunden.
Der Zugang zum Bahnsteig der beiden Vorortlinien war erst nach Unterquerung der Ferngleise der Dresdener und Anhalter Bahn möglich. Die Treppe zum Tunnel, vom Eingangsraum ausgehend, war mit einem leichten, eisernen, dreiseitig verglasten Schutzhaus überdacht. Die Gleisanlagen selbst wurden durch eiserne Blechträger von 4 m Spannweite, die auf massiven Granitblöcken auflagerten, über den Tunnel hinweggeführt. Die Tunnelwände bestanden aus gelbem Klinkermauerwerk. Der Zugang vom Tunnel zum Bahnsteig erfolgte über eine breite Treppe, die in der Mitte des Bahnsteigs mündete.
Der ca. 10 m breite Bahnsteig war mit einem von seitlichen gußeisernen Säulen getragenem Dach (10 Stützenpaare) vom Typ Wannseebahn überdeckt. Die bauliche Ausstattung bestand aus den üblichen drei Aufbauten: dem Dienstraum, Warteraum und Toilettenhäuschen am Ende des Bahnsteigs.
Am südlichen Ende des Bahnsteigs führte der Tempelhofer Weg auf einer 1880 erbauten schmalen Holzbrücke über die Gleisanlagen.

Abb. 180

Die sehr langen Wege und vielen Treppen, die beim Umsteigen zu bewältigen waren, führten schon bald zu Klagen und zu Vorschlägen, wie dieses Schachtelwerk von halb- und ganzstöckigen Durchgängen zu verändern sei.

Die Planung für die Nordsüd-S-Bahn sah für den Bahnhof Papestraße eine vollständige Neugestaltung in Anlehnung an den Umbau des an der Wannseebahn gelegenen Umsteigebahnhofs Schöneberg vor. Durch die Ausrichtung des S-Bahn-Ausbaus nach den vorrangigeren Planungen zur baulichen Neuordnung der Reichshauptstadt (seit 1936), die im Bereich des Bahnhofs Papestraße den Südbahnhof vorsahen, wurde der geplante Ausbau zurückgestellt. Seit 1937 wurden jedoch, für die Zeit bis zum vorgesehenen Abbruch, einige bauliche Veränderungen vorgenommen, die zur Verbesserung des Umsteigeverkehrs beitragen sollten. Dazu gehörte die Anlage eines zweiten Verbindungsgangs zum Ringbahnsteig, die Verbreiterung des Vorortbahnsteigs auf der Ostseite und die Schaffung eines neuen Ausgangs zum Sachsendamm. Durch den Bau eines 6 m breiten hölzernen Fußgängersteg vom Vorortbahnsteig über die Ferngleise hinweg zum Bahnhofsvorplatz und von diesem über eine massive Brücke zum Ringbahnsteig wurde eine schnellere Verbindung der beiden Bahnsteige geschaffen, durch die die Benutzung des Tunnelsystems entfiel.

Heutiger Zustand

Der ursprüngliche Haupteingang zum Empfangsgebäude, die doppelflügelige spitzbogige Tür im märkisch-gotischen Staffelgiebel des Anbaus, ist heute geschlossen. Das ehemalige Stationsschild darüber mit der Aufschrift „Papestraße" besteht heute nur noch aus einem weißen Rechteck. Der Eckturm hat sein steiles Zeltdach verloren und die Zinnen sind im Laufe der Jahrzehnte flacher und niedriger geworden. Der Hauptzugang liegt heute zwischen dem Stationsgebäude und dem Bahndamm der Ringbahn. Erst nach einer Wendung um 90° gelangt man in die hohe Schalterhalle, die noch immer mit ihrer reich profilierten Holzdecke ausgestattet ist. Fahrkartenschalter, Gepäckannahme und Toiletten sind geschlossen. Die beiden Bögen zum Übergang des Ringbahnsteigs zeigen die Umbauten der Jahre 1937/38. Die Abmauerung trägt noch den Hinweis „Ringbahnsteig" in gotischen Lettern.

Die Treppe zum Tunnel und der Tunnel zum Vorortbahnsteig selbst sind in ihrem ursprünglichen Zustand erhalten geblieben, ebenso wie die Handläufe an den Treppen mit ihren massiven gußeisernen Halterungen. Die Treppe zum Bahnsteig zeigt durch die drei zusätzlichen Stufen an ihrem Ende die Erhöhung des Bahnsteigs um 30 cm im Jahre 1929. An der helleren Steinfarbe der 4 oberen Schichten der Ummauerung des Treppenschachtes erkennt man deren spätere Aufmauerung. Granitabdeckung und Geländer wurden nach der Erhöhung in der alten Form wieder aufgesetzt. 30 cm im Bahnsteig versunken sind jedoch die Stützen der Bahnsteigüberdachung und die beiden noch zur Erstausstattung gehörenden Gebäude an beiden Enden des Bahnsteigs, der Dienstraum und das Toilettenhaus. Der Warteraum ist durch ein modernes Gebäude ersetzt worden. Als weitere Neuausstattung sind ein Verkaufsstand für Getränke und ein kleiner Zeitungskiosk hinzugekommen. An die Kriegsjahre erinnert der dicht vor dem Aufsichtsraum erbaute Splitterbunker.

Das Bahnsteigdach hat seinen dekorativen Schmuck (Akroterien) verloren, ist aber im Ganzen erhalten geblieben. Nur eine Stütze am Ende des Bahnsteigs ist durch eine hölzerne Hilfskonstruktion ersetzt worden.
Auf der östlichen Seite des Bahnsteigs ist die 1938 durchgeführte Verbreiterung noch deutlich an der etwas andersfarbigen Pflasterung und der nicht ausgebauten alten Bahnsteigkante zu erkennen.

Auf der westlichen Seite liegt noch die Dammschüttung des ehem. „Kaisergleises". Diese 1896 angelegte Trasse diente zur Überführung der kaiserlichen Sonderzüge von der Ringbahn und dem Potsdamer Bahnhof auf die Militärbahn, die Dresdener und Anhalter Bahn. Nach dem Umbau der Bahnanlagen 1901 bestand nur noch ein Anschluß an die Militärbahn und die Vorortlinien. Als Ersatz wurde ein neues Gleis von der Signalstation Vdp an der Ringbahn zum Rangierbahnhof Tempelhof verlegt, das den Vorortbahnsteig an seinem nördlichen Ende kreuzte. 1903 wurde das „Kaisergleis" stillgelegt und abgebaut.
Aus der Erbauungszeit des Bahnhofs ist am Übergang zur General-Pape-Straße die eiserne Überführung des „russischen Gleises" (heute ohne

Bahnhof Papestraße

Gleis) erhalten. Dieses Gütergleis stellte die Verbindung vom Bahnhof Tempelhof der Ringbahn zum Anhalter Güterbahnhof her.

Von der 1937/38 erbauten provisorischen Verbindung der beiden Bahnsteige ist der massive Übergang vom Bahnhofsvorplatz zum Ringbahnsteig erhalten geblieben. Ebenso die damals angelegte Treppe auf dem Vorplatz. Die Zugangstreppe vom damals neu geschaffenen Eingang Sachsendamm ist noch vorhanden, doch abgesperrt. Von der hölzernen Brückenkonstruktion über die Ferngleise hinweg zum Bahnhofsvorplatz stehen nur noch die Pfeiler auf der Fernbahntrasse.

Denkmalpflegerische Maßnahmen

Das Empfangsgebäude ist aufgrund seiner besonderen architektonischen Qualitäten, bauhistorischen Bedeutung und des guten Erhaltungszustandes seiner ursprünglichen Ausstattung originalgetreu wieder herzustellen. Der ehemalige Eingang ist wieder zu öffnen, die Schalterhalle von den jetzigen Einbauten zu befreien. Der Vorplatz ist durch den Abbruch des provisorischen Übergangs zum Ringbahnsteig entsprechend seiner alten Größe herzustellen. Die Fassade des Empfangsgebäudes ist nach den vorhandenen Unterlagen zu ergänzen.

Der Vorortbahnsteig mit seiner Überdachung ist zu renovieren, die ursprünglichen Gebäude sind wieder instandzusetzen. Desgleichen der Zugang zum Bahnsteig, wobei dem eisernen Schutzhaus über der Treppe besondere Aufmerksamkeit zu widmen ist.

E. BIEDERMANN, Die Vorortbahn von Berlin nach Groß-Lichterfelde. In: ZfBw 50 (1900) 491–516, Atlas Bl. 67–73

Abb. 75
Empfangsgebäude des Bahnhofs Papestraße. Rechts Bahnsteig der Ringbahn, links Zugang zur Vorortbahn (Postkarte, Heimatarchiv Schöneberg)

Bahnhof Papestraße

Abb. 76
Blick von der Suadicanistraße auf das Empfangsgebäude. Über der Straße der 1937/38 erbaute Übergang von der Ring- zur Vorortbahn

Abb. 77
Empfangsgebäude. Die Treppenstufen zum Bahnhofsvorplatz wurden 1937/38 zur Vertiefung des Terrains unter dem Übergang angelegt

Bahnhof Papestraße

Abb. 78
Heutiger Zugang zum Bahnhof

Abb. 79
Heutiger Eingang zum Bahnhof

Abb. 80
Empfangsgebäude. Links Zugang zum Bahnsteig der Ringbahn

Abb. 81
Empfangsgebäude. Schalterhalle (nach Ausbau der Fahrkartenschalter 1984)

Abb. 82
Empfangsgebäude. Zugang zur Schalterhalle

Abb. 83
Empfangsgebäude. Holzdecke über der Schalterhalle

Bahnhof Papestraße

Abb. 84
Treppe von der Schalterhalle zum Tunnel

Abb. 85
Bahnsteigüberdachung. Gußeiserne Stütze vom Typ Wannseebahn

Abb. 86
Treppe vom Tunnel zum Bahnsteig

Bahnhof Papestraße

Abb. 87
Bahnsteig. Im Vordergrund Splitterbunker, dahinter Dienstraum. Am Ende des Bahnsteigs die Überführung des Anschlußbogens zur Ringbahn, dahinter Überführung der Ringbahngleise

Abb. 88
Bahnsteig. Die rechte Eckstütze der Bahnsteigüberdachung ist durch eine provisorische Holzkonstruktion ersetzt. An der rechten Bahnsteigkante ein S-Bahnzug in Richtung Frohnau

Abb. 89
Bahnsteig. Verkaufsstand für Getränke

Abb. 90
Tafeln für Fahrplan und Streckennetz

Abb. 91
Zeitungskiosk

Bahnhof Papestraße

Abb. 92
Zugang zum Bahnhof von der General-Pape-Straße mit Überführung des sog. „russischen Gleises"

Abb. 93
Zugang zum Bahnhof von der General-Pape-Straße. Überführung der Ringbahngleise

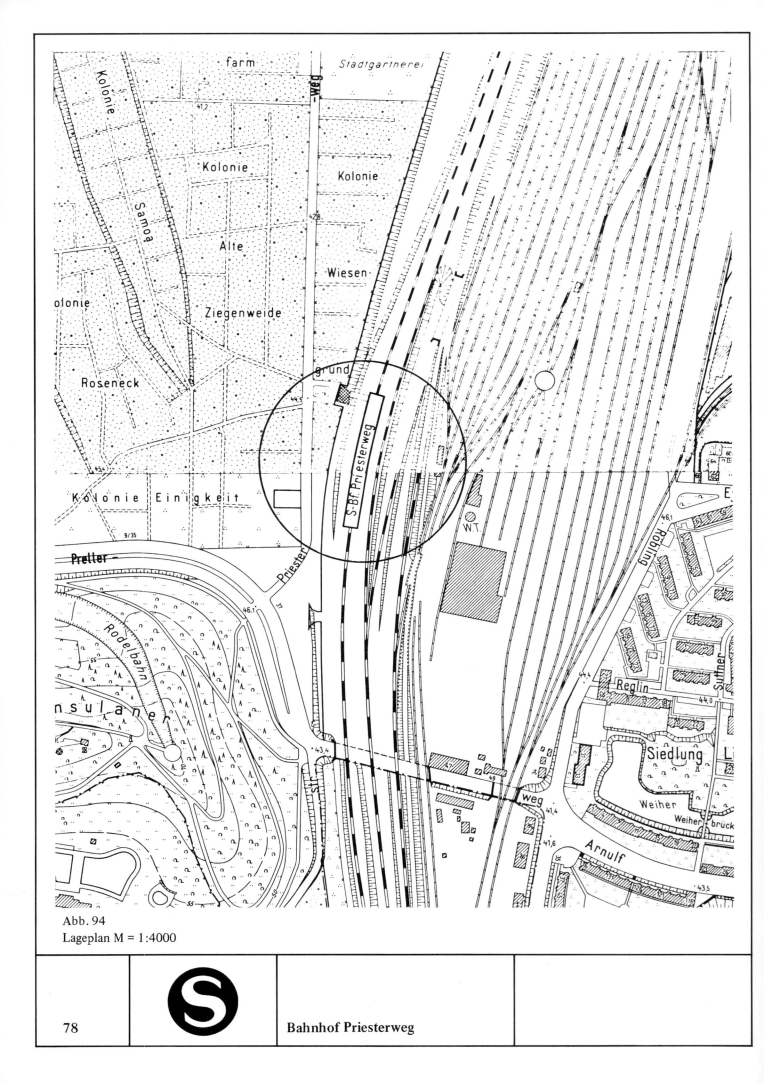

Abb. 94
Lageplan M = 1:4000

Bahnhof Priesterweg

Bahnhof Priesterweg

Am 7. Oktober 1928 wurde der Bahnhof Priesterweg für den Vorortverkehr nach Lichterfelde-Ost und Zossen eröffnet. Er lag an der Gabelung der beiden Vorortstrecken und diente außer dem Personenverkehr auch als Betriebsbahnhof des gegenüberliegenden Rangierbahnhofs Tempelhof.
Erschlossen wurde er durch den das Schöneberger Südgelände in nord-südlicher Richtung durchschneidenden Priesterweg. Ein kleiner Schmuckplatz vor dem Gebäude bildete die erste „städtische" Anlage in diesem bisher noch unbebauten Gebiet.

Das Schöneberger Südgelände, neben dem Tempelhofer Feld eine der großen innerstädtischen Baulandflächen, war bereits 1910/11 Gegenstand eines großen städtebaulichen Wettbewerbs (1. Preis Bruno Möhring). Die geplante Bebauung kam aufgrund der schwierigen Grundstücksverhältnisse, Baubestimmungen und Finanzierungsmöglichkeiten jedoch nicht zustande. Nach dem Ersten Weltkrieg, Ende der 20er Jahre – die Siedlungen „Ceciliengärten" südlich des Innsbrucker Platzes (1924–28, Arch.: H. Lassen, Mebes & Emmerich) und „Lindenhof" südöstlich des Reichsbahngeländes (1918–24, Arch.: Martin Wagner) waren bereits erbaut – wurden für das gesamte Südgelände wieder Bebauungspläne vorgelegt: 1927 von Otto Bartning für die Berlin-Schöneberger Grundstücks-AG und 1931 von Oberbaurat ten Hompel auf der Grundlage des ehemaligen Fluchtlinienplanes. Für beide Pläne fand sich keine ausreichende Finanzierungsgrundlage, und erst in den Jahren 1938–40 entstand auf der westlichen Hälfte des Gebiets, beiderseits des Grazer Damms, eine große Wohnsiedlung. Die Restfläche blieb unbebaut, da sie als Bauplatz für den Postverschiebebahnhof im Anschluß an den Südbahnhof vorgesehen war. Sie ist bis heute Kleingartengelände.

Im Zuge der städtebaulichen Überlegungen für die Nutzung des Schöneberger Südgeländes und der Ausweitung des Rangierbahnhofs Tempelhof entstand der Entschluß, einen neuen Bahnhof anzulegen. Architekt war der Reichsbahnrat Lüttich, der mit diesem Bahnhof den modernen Typus des Vorortbahnhofs schuf. Von der zeitgenössischen Architekturkritik (Die Bauwelt) wird der Verzicht auf „Repräsentation oder Romantik" besonders gewürdigt, denn: „Vor nicht allzu langer Zeit konnte man ‚zwecks Anschluß an die Umgebung' strohgedeckte Bahnhofsbauten oder Palästchen entstehen sehen, bisweilen auch ausgewachsene Paläste mit thronsaalähnlichen Schalterhallen und Erfrischungsräumen, die die ‚Eleganz' zweifelhaft schwüler Vergnügungsanstalten nachahmten". Dagegen sei dieser neue Bahnhof „sachlich und ohne irgendwelchen Prunk", doch „mit dem Komfort, den wir als selbstverständlich ansehen", eine im ganzen „treffliche Lösung".

BUSSE, Neuer Vorortbahnhof in Berlin.
In: Die Bauwelt 20 (1929) H. 2, 32

Das Bauwerk zeichnet sich neben seiner sachlichen Gestaltung auch durch die konsequente Trennung der einzelnen Funktionen und ihre adäquate Umsetzung in Architektur aus. So besteht der im Grundriß quadratische Hauptbaukörper nur aus einer leeren zentralen Halle, die von oben belichtet wird. Ihre Wände sind im unteren Bereich an allen vier Seiten von Öffnungen durchbrochen. Der Bahnhofseingang liegt dem Bahnsteigtunnel gegenüber, seitlich befinden sich zwei Fahrkartenschalter, die Gepäckannahme und der Eingang zu den Toiletten, ihnen gegenüber der Eingang zum Bahnhofsrestaurant. Die einzelnen Räume sind als unterschiedlich hohe Baukörper der Halle seitlich angefügt. Die Kennzeichnung des Gebäudes als „Bahnhof" wurde durch den Eckturm, die hohe Fahnenstange, den mit Rustika verzierten Eingang und den darüberliegenden Schriftzug „Priesterweg" erreicht.

Die dunkelbraunen Klinker der Außenfassade dienen im Inneren der Halle zur Verkleidung der Sockelflächen. Das weiße Stuckgesims (OK 2,50 m über Fb) leitet in den Bahnsteigtunnel hinein und bildet den Übergang zu den in lichtgrünen und gelben Farbtönen gehaltenen Putzflächen der oberen Wand- und Deckenzone. Der Tunnel zu den beiden Bahnsteigen war ebenfalls hellgrün gestrichen und wird durch die gläsernen Schutzbauten über den Treppenschächten belichtet.

Die Aufbauten der beiden Bahnsteige sind einheitlich gestaltet. Die sonst übliche Trennung zwischen hohem Bahnsteigdach und niedrigeren freistehenden Bahnsteighäuschen wurde zugunsten eines gemeinsamen Baukörpers aufgegeben. Das flache Schutzdach zieht sich in gleicher Höhe über den Treppenschacht, den Bahnsteig und den heizbaren Warteraum hinweg. Der Dienstraum wurde in einem etwas entfernt stehenden Häuschen untergebracht, dessen Konstruktion und Aussehen jedoch den anderen Bauten gleicht.

Alle Aufbauten haben eine Konstruktion aus Stahlfachwerk, dessen Sockel und Brüstungszonen mit graublauen Fliesen (7,5 x 12 cm) verkleidet sind. Die sichtbaren Eisenteile erhielten einen dunkelroten Anstrich. In dem nur 80 cm breiten seitlichen Überstand des Daches befand sich über den Hinweistafeln und der Stationsbezeichnung eine Lichtleiste. Der Bahnsteig selbst wurde nachts durch elektrische Lampen erleuchtet.

Im Gegensatz zu dem sonst üblichen Mauerwerk wurden die Bahnsteigmauern aus Stahlbetonfertigteilen (Dielen) hergestellt, die zwischen senkrechte, mit Nuten versehene Pfosten geschoben wurden. Durch dieses neue Verfahren (Fa. Dyckerhoff & Widmann), das für die Bahnhofsbauten der 30er Jahre hauptsächlich angewandt wurde, konnten die Bauarbeiten erheblich erleichtert und beschleunigt werden.

Abb. 95
Empfangsgebäude des Bahnhofs Priesterweg. Foto 1929 (Bauwelt 20 (1929) H. 2, 32)

Heutiger Zustand

Der Bahnhof macht heute einen etwas ungepflegten Eindruck, da alle Schalter geschlossen sind, Aufsicht und Pflege nur noch mangelhaft gehandhabt werden. Von den kräftigen Farbtönen hat sich außer der Eigenfarbe der Materialien (Klinker, Fliesen) nichts erhalten, doch trotzdem überrascht noch immer die große Qualität der architektonischen Gestaltung des Empfangsgebäudes und der Bahnsteigaufbauten. Größere Schäden zeigt das Bauwerk im Bereich der Aufgänge zum Bahnsteig. Hier sind Risse in den Wänden entstanden, wahrscheinlich aufgrund der unterschiedlichen Setzung des Tunnels und der Bahnsteige. Die Fertigteile der Bahnsteigmauern haben durch Rostsprengung der Eiseneinlagen gelitten.

Von der ästhetischen Qualität des ursprünglichen Bauwerkes unterscheiden sich auffällig die in neuerer Zeit hinzugefügten Ausstattungsstücke, wie z.B. die Lampen in der Eingangshalle, die Blumenbeete auf dem Bahnsteig vor dem Dienstraum oder die Bank mit Markise neben dem Verkaufsstand für Reiseproviant.

Denkmalpflegerische Maßnahmen

Der gesamte Bahnhof ist aufgrund seiner großen architektonischen Qualität und baugeschichtlichen Bedeutung als stilbildendes Beispiel für die in den 30er Jahren auf der Wannseebahn und der Nordsüd-S-Bahn erbauten Stationen zu restaurieren. Die einzelnen Details der baulichen Ausstattung wie des Empfangsgebäudes sind sorgfältig zu rekonstruieren.

Abb. 96
Empfangsgebäude des Bahnhofs Priesterweg. Foto 1983

Abb. 97
Empfangsgebäude

Abb. 98
Empfangsgebäude. Eingangsdetail

Bahnhof Priesterweg

Abb. 99
Schalterhalle

Abb. 100
Schalterhalle. Blick in den Durchgang zu den Bahnsteigen

Abb. 101
Bahnsteig. Blick auf den Warteraum

Abb. 102
Treppe vom Durchgang zum Bahnsteig

Bahnhof Priesterweg

Abb. 103
Östlicher Bahnsteig

Abb. 104
Westlicher Bahnsteig mit S-Bahnzug in Richtung Lichterfelde-Süd

Bahnhof Priesterweg

Abb. 105
Östlicher Bahnsteig mit Dienstraum. Links der Wasserturm des Rangierbahnhofs Tempelhof (Arch.: H. Röttcher, 1927)

Abb. 106
Dienstraum. Seitenansicht

Bahnhof Priesterweg

Abb. 107
Die beiden Bahnsteige des Bahnhofs. Blick nach Norden. Im Hintergrund das Stellwerk „Pr"

Abb. 108
Fahrkartenautomat (DR)

Abb. 109
Stellwerk „Pr"

Bahnhof Priesterweg

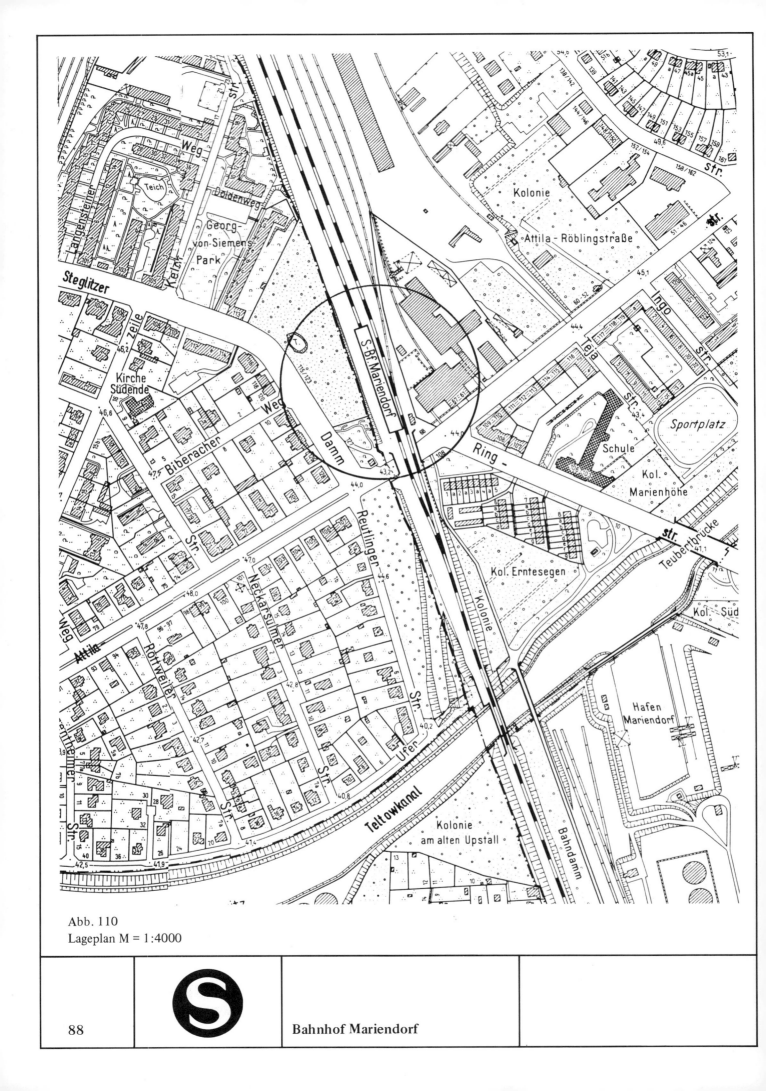

Abb. 110
Lageplan M = 1:4000

Bahnhof Mariendorf

88

Bahnhof Mariendorf

1914 wurde der neue Bahnhof Mariendorf für den Vorortverkehr der Dresdener Bahn eröffnet. Er lag an der gleichen Stelle wie der am 15. Februar 1895 eröffnete Haltepunkt, doch war anstelle der bisherigen einfachen Stationsgebäude auf dem Bahndamm mit niveaugleichem Übergang zum schmalen Mittelbahnsteig ein moderner Vorortbahnhof geschaffen worden (Baukosten: 314.000 Mark). Teil der Umbauarbeiten war die Verbreiterung der Unterführung der Tempelhofer Straße (heute Attilastraße) von 8,50 auf 19,90 m und die Neugestaltung des Bahnhofsvorplatzes. Da die Station hauptsächlich von den Bewohnern der Villenkolonie Südende benutzt wurde und in nicht allzuweiter Entfernung der Haltepunkt „Südende" der Anhalter Bahn (Vorortlinie nach Lichterfelde-Ost) lag, war auf den Bau eines großen Empfangsgebäudes verzichtet worden. Schalterhalle und Diensträume lagen unterhalb des Gleiskörpers im Bereich des Bahndamms. Der Zugang zum Bahnsteig führte von der Mitte der zu beiden Seiten geöffneten Halle hinauf zum Kopf des Bahnsteigs. In der Achse dieser Treppe, etwas zurückgesetzt, lagen zwei Fahrkartenschalter. Daneben waren, auf der Seite zur Straße, Diensträume, Gepäckschalter und Toiletten angeordnet. Der quadratische Mittelteil der Schalterhalle war über die beiden Seitenteile hinausgeführt und mit Fenstern versehen, die sich zu beiden Seiten des Treppenaufgangs fortsetzten. Durch diese Anordnung entstand eine interessante Dachlandschaft, an die sich die Bahnsteigüberdachung direkt anschloß.

Die Außenfront des Bahnhofs war bis zu einem Gesims über dem Sturz der dreiteiligen Eingangstür mit braunen Keramikplatten verkleidet, während die Wand in einfachem dunkelbraunen Klinkermauerwerk weitergeführt war. Die Innenwände der Schalterhalle hatten bis zu einer Höhe von 2,70 m eine Verkleidung aus weißen Fliesen, waren darüber verputzt und wahrscheinlich in einem hellen Farbton gestrichen. Zarte Stuckprofile unter der Decke und an den Wänden gliederten die Flächen.

Das Bahnsteigdach wurde von 6 genieteten eisernen Mittelstützen (I-Profil) getragen. Dort, wo die beiden Bahnsteighäuschen (Warteraum, Dienstraum) zu stehen kamen, waren die Mittelstützen als zweistielige Stützen ausgeführt, zwischen denen die Häuschen standen. Das Bahnsteigdach hatte eine Länge von 100 m (10 Stützen). Das Toilettengebäude befand sich, wie üblich, außerhalb des Daches am Ende des Bahnsteigs.

Der Bahnhof war trotz relativ einfacher Ausführung eine wohldurchdachte funktionale Anlage. Materialien und Dekorationen waren sparsam und überlegt eingesetzt. Großer Wert war auf Funktionalität, weniger auf Repräsentation gelegt worden. Doch auch als modernes technisches Gebilde war der Bahnhof ein bedeutender Punkt im städtischen Raum, der besonders hervorgehoben wurde durch die gärtnerische Platzgestaltung, die einen räumlichen Übergang schuf zur benachbarten Villenkolonie.

Heutiger Zustand

Das Bahnhofsgebäude ist nach den erlittenen Kriegszerstörungen mit einfachen Mitteln ausgebessert worden. Die äußere westliche Brückenkonstruktion des ehem. Militärgleises ist abgebaut worden, die Lücke in der Fassade zugemauert. Die ganze Straßenfront ist mit einfachen braunen Fliesen verkleidet. Die lebhafte Dachlandschaft über der Halle und dem Treppenaufgang wurde nur reduziert wieder aufgebaut.

1979 wurden alle Bahnsteighäuschen entfernt. Ersatz schuf ein neuer Dienstraum, zugleich Bahnsteigsperre und Fahrkartenverkauf, vor dem Treppenaufgang.

Der Bahnhofsvorplatz auf der westlichen Seite ist in einem ästhetisch verwahrlosten Zustand. Von der ehemals sehr schönen Grünanlage mit ihrer einprägsamen Kreisform ist nur ein schräger Weg übrig geblieben. Direkt vor dem Bahnhofseingang wurde eine Telefonzelle aufgestellt. Die Wände des Bahnhofsgebäudes sind mit großformatigen Reklametafeln bedeckt. Den Platz dominiert heute eine Imbißbude.
Einen ähnlichen Zustand zeigt der östliche Bahnhofsvorplatz, der mit einem hölzernen Zeitungskisok besetzt ist und zuweilen auch als Parkplatz dient. Das benachbarte Beamtenwohnhaus ist nach Kriegszerstörung abgebrochen worden.

Denkmalpflegerische Maßnahmen

Als wichtiges Beispiel eines modernen Vorortbahnhofs der Vorkriegszeit und seiner städtebaulichen Bedeutung für die ehem. Villenkolonie ist der Bahnhof nach den vorhandenen Unterlagen und unter Beseitigung der Nachkriegsreparaturen wieder herzustellen. Die Bahnsteigüberdachung ist zu erhalten. Die fehlenden Bahnsteighäuschen sind zu ersetzen. Beide Vorplätze sind in einem ästhetisch befriedigenden Zustand neu zu gestalten. Die Gartenanlage auf der westlichen Seite ist mit Hilfe der Gartendenkmalpflege wieder herzustellen.

Abb. 111
Bahnhof Mariendorf um 1914. Neben dem Bahnhof das Beamtenwohnhaus an der Tempelhofer Straße (heute Attilastraße). Im Hintergrund die Villa Körting und das ‚Reformierte Real-Gymnasium' (Postkarte, Heimatarchiv Tempelhof)

Abb. 112
Bahnhof Mariendorf. Rechts Unterführung Attilastraße

Abb. 113
Bahnhof Mariendorf. Blick vom Steglitzer Damm. Rechts Empfangsgebäude, links Bahnsteig

Abb. 114
Schalterhalle

Abb. 115
Eingang zum Bahnhof

Bahnhof Mariendorf

Abb. 116
Treppe von der Schalterhalle zum Bahnsteig

Abb. 117
Fahrkartenschalter gegenüber der Treppe zum Bahnsteig

Abb. 118
Bahnsteig. Zwischen den Doppelstützen stand früher der Dienstraum. Rechts S-Bahnzug Richtung Anhalter Bahnhof

Abb. 119
Bahnsteig. Im Hintergrund der neu erbaute Dienstraum

Bahnhof Mariendorf

Abb. 120
Dächer über der Schalterhalle (im Hintergrund) und der Treppe zum Bahnsteig

Abb. 121
Bahnsteig. Zwischen den Doppelstützen stand früher der Warteraum. Links das Stellwerk „Tfd"

Bahnhof Mariendorf

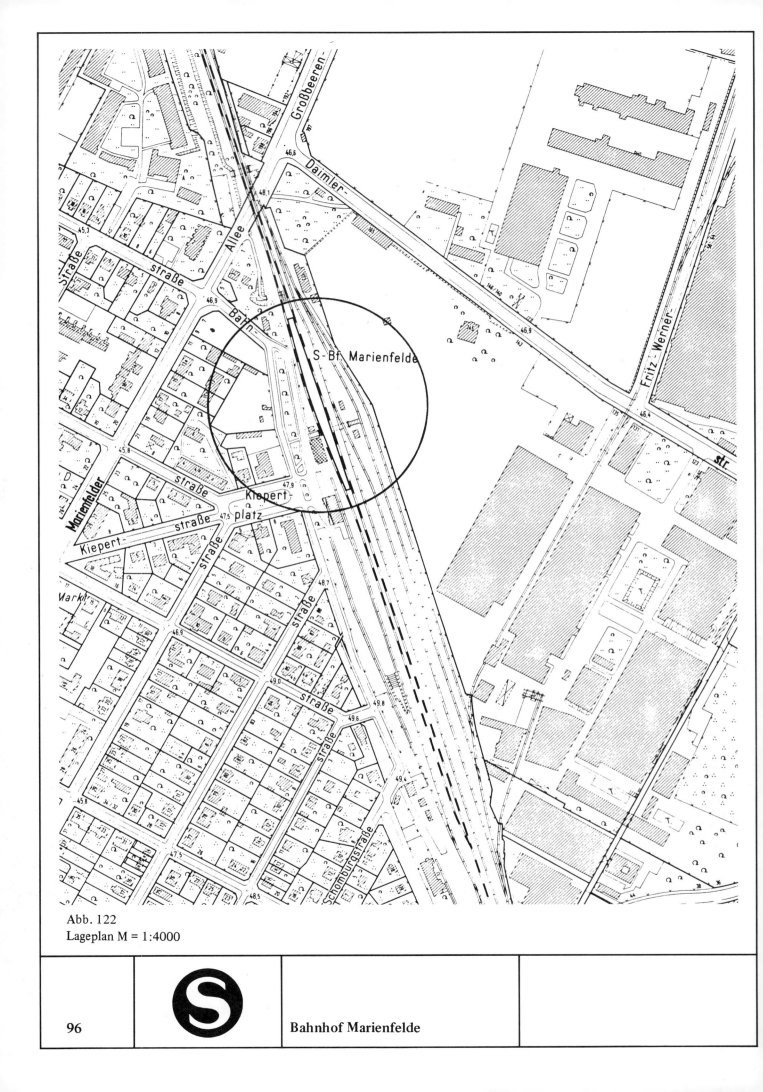

Abb. 122
Lageplan M = 1:4000

Bahnhof Marienfelde

Bahnhof Marienfelde

Am 15. März 1903 wurde im Anschluß an die vorhandenen Bahnhofsgebäude der „neue Bahnhof" Marienfelde eingeweiht. Er bestand aus einem niveaufrei zugänglichen Mittelbahnsteig ohne Schutzdach, den drei üblichen Bahnsteighäuschen, dem Tunnel vom Bahnhofsvorplatz und einem eisernen Schutzhaus über der Zugangstreppe. Nebeneinander standen jetzt am Kiepertplatz eine bunte Reihe verschiedenartiger Gebäude. Von Nord nach Süd: das eiserne Schutzhaus über dem Tunnelzugang, ein eingeschossiges Wirtschaftsgebäude (Stall und Abort), das 1890 erweiterte Empfangsgebäude und Beamtenwohnhaus des „alten Bahnhofs" mit einer neuen Backsteinfassade und der daran anschließenden Güterschuppen (1875, Anbau 1901) mit der Laderampe.

Abb. 123

Auf der westlichen Seite der Bahnlinie breitete sich die Villenkolonie Marienfelde aus mit ihren zum Teil großen vornehmen Landhäusern. Auf der östlichen Seite hatte die großflächige Ansiedlung von Industriebetrieben begonnen.

Die Ausführung des „neuen Bahnhofs" glich in verschiedenen Punkten den in den gleichen Jahren erbauten Bahnhöfen Yorckstraße und Papestraße an dieser Vorortlinie. Die Treppen zum Bahnsteig waren mit verglasten eisernen Schutzhäuschen überbaut, die Wandflächen des Tunnels aus weißglasierten Ziegeln gemauert, in die einzelne Friesbänder mit einfachen Mustern aus dunkelbraunen Ziegeln eingelegt waren. Das halbrunde Gewölbe dagegen war aus gelben Klinkern gemauert.

Auch der Treppenaufgang vom Tunnel zum Bahnsteig war mit einem eisernen Schutzhaus überdeckt. Daran schloß sich die erst 1914 erbaute Bahnsteigüberdachung an, die jedoch im Gegensatz zu den Dächern der Bahnhöfe Yorckstraße und Papestraße aus einer Tragkonstruktion aus einstieligen Mittelstützen (6) und zweistieligen Seitenstützen (4) im Bereich der Bahnsteigaufbauten bestand.

Die zur Ausstattung des Bahnhofs gehörenden Bahnsteighäuschen: Dienstraum, Warteraum und Toilettenhaus am Ende des Bahnsteigs, entsprachen denen der Wannseebahn. Die gesamte Länge der Bahnsteigüberdachung betrug 87 m (10 Stützen).

Bis 1919 führten über den Bahnhofsvorplatz die Gleise der Militäreisenbahn, die nicht weit entfernt, etwas südlicher an der Bahnstraße, ihren eigenen kleinen Bahnhof hatte.

Abb. 215

Heutiger Zustand

1943 wurde der „alte Bahnhof" und das eingeschossige Fahrkartengebäude des „neuen Bahnhofs" durch Bombentreffer zerstört und später abgebrochen. Erhalten sind von der ehem. Anlage nur der Zugang zum Bahnsteig mit den beiden Schutzhäuschen über den Treppen und die Aufbauten auf dem Bahnsteig. Die Klinkerwände des Tunnels und der Treppen sind in einem guten Zustand, die Handläufe mit ihren gußeisernen Befestigungen gehören zur ursprünglichen Ausstattung.

Die 1939 erfolgte Erhöhung des Bahnsteigs um 30 cm macht sich, wie auf dem Bahnhof Papestraße, durch 3 zusätzliche Stufen am Ende der Treppe und ein „versinken" der Schutzhäuschen in den Bahnsteig bemerkbar, so daß das originale Sockelprofil nicht mehr sichtbar ist.

Zusätzlich zu den ursprünglichen Aufbauten ist in der Nachkriegszeit ein neuer Kiosk hinter dem ehem. Dienstraum erbaut worden.

Der kurz vor dem Ersten Weltkrieg eingerichtete zweite Zugang zum Bahnsteig (auf der Nordseite) wurde 1979, nach Fertigstellung der neuen Unterführung der Marienfelder Allee, geschlossen und abgebaut.

Denkmalpflegerische Maßnahmen

Der Bahnhof ist unter Erhaltung der originalen Bauteile zu modernisieren. Bei der Planung ist besonderer Wert auf die Einbeziehung des Zugangs zum Bahnsteig mit seinem eisernen Schutzbau und die für die Jahrhundertwende typische Wand- und Deckengestaltung zu legen.
Auf dem Bahnsteig sind das Dach und die ursprünglichen Aufbauten erhaltenswert und in die Neuplanung einzubeziehen.

Abb. 123
Empfangsgebäude des Bahnhofs Marienfelde um 1930. Links Zugang zum Bahnsteig und Fahrkartenverkauf, rechts das alte Bahnhofsgebäude mit Turm und späterem Anbau eines Beamtenwohnhauses (1890). Foto: Heimatarchiv Tempelhof

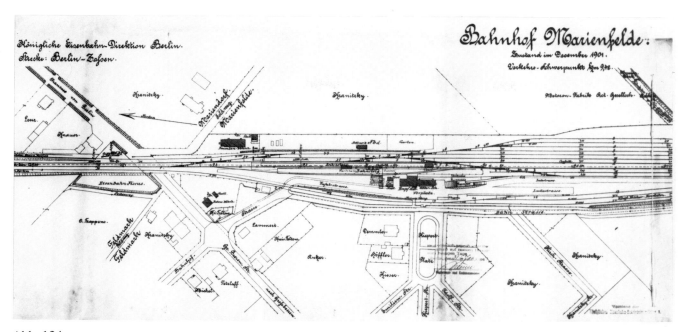

Abb. 124
Situationsplan des Bahnhofs 1901. Zwischen Bahnhof und Kiepert-Platz die Gleise der Militärbahn (Bauakte Bahnhof Marienfelde, Bd. 1890–1914, Bauaufsichtsamt Tempelhof)

Abb. 125
Heutiger Zustand nach Abbruch des „alten Bahnhofs". Links der Zugang zum Bahnsteig

Abb. 126
Zugang zum Bahnsteig. Schutzhaus über der Treppe zum Personentunnel

Abb. 127
Treppe vom Bahnhofsvorplatz zum Personentunnel

Bahnhof Marienfelde

Abb. 128
Eckdetail des Schutzhauses auf Abb. 126

Abb. 129
Handlauf und Treppenwand

Abb. 130
Bahnsteig. Schutzhaus über der Treppe zum Bahnsteig. Rechts im Hintergrund das Schutzhaus über der Treppe vom Bahnhofvorplatz zum Personentunnel

Abb. 131
Schutzhaus über der Treppe zum Bahnsteig. Rückfront

Bahnhof Marienfelde

Abb. 132
Bahnsteigaufbauten. Warteraum (heute als Dienstraum genutzt)

Abb. 133
Moderner Kiosk

Bahnhof Marienfelde

Abb. 134
Ehemaliger Dienstraum

Abb. 135
Bahnhof Marienfelde. Links Bahnsteig, rechts Stellwerk „Mf" (erbaut 1901), im Hintergrund Beamtenwohnhaus an der Daimlerstraße

Abb. 136
Abortgebäude (1903) am Ende des Bahnsteigs

Abb. 137
Beamtenwohnhaus Daimlerstraße 173 (erbaut um 1890)

Bahnhof Marienfelde

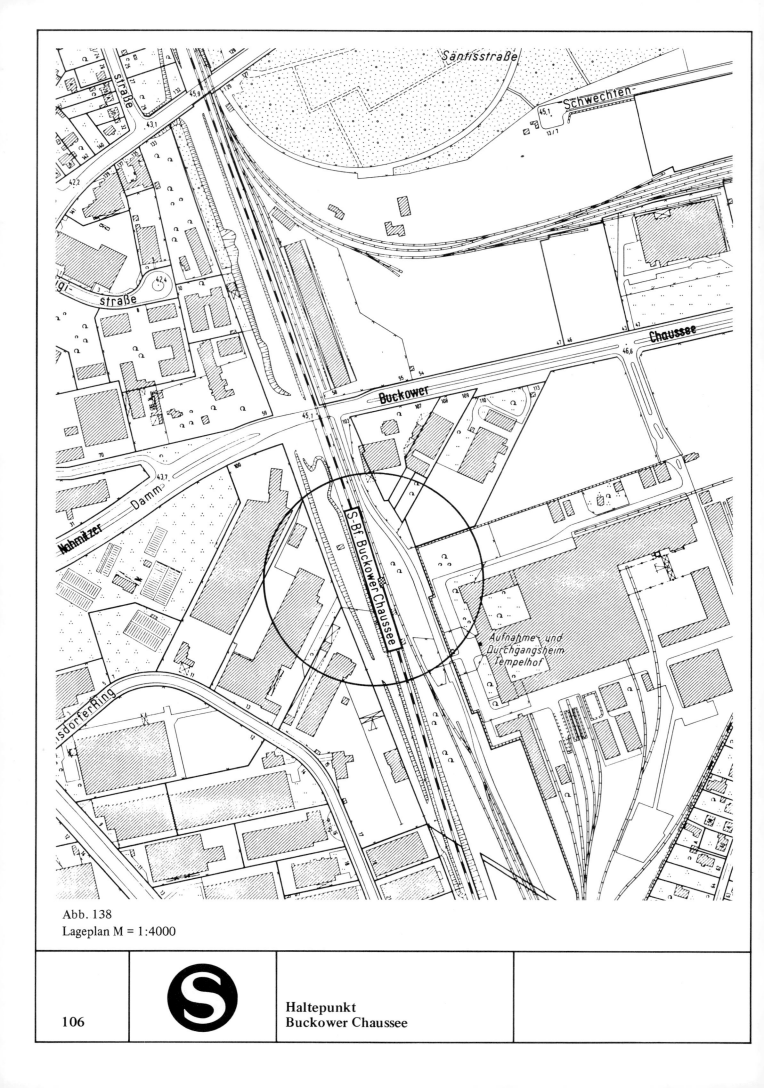

Abb. 138
Lageplan M = 1:4000

Haltepunkt
Buckower Chaussee

Haltepunkt Buckower Chaussee

Bereits vor dem Ersten Weltkrieg war an dieser Stelle, an der Kreuzung der Buckower Chaussee mit der Dresdener Bahn, ein Haltepunkt geplant. Kurz vor dem Zweiten Weltkrieg wurde als erste Baumaßnahme mit der Herstellung einer Dammschüttung begonnen, doch verhinderte wiederum der Beginn des Krieges die Fertigstellung.
Eingerichtet wurde der Haltepunkt dann am 15. Mai 1946 mit der Wiederaufnahme des Vorortverkehrs auf der Dresdener Bahn zwischen Yorckstraße und Mahlow. Der aktuelle Anlaß hierfür war die Nutzung des unzerstört gebliebenen ehem. Kraftwagenwerks Lichtenrade als Hauptdepot der amerikanischen Besatzungsmacht.

Die ganze Station wurde entsprechend der zu dieser Zeit herrschenden Materialknappheit mit einfachsten Mitteln erbaut. So wurden die Bahnsteigmauern aus Trümmerziegeln errichtet, die einzelnen Bauten (Warteraum, Dienstraum) so klein wie möglich gehalten und wegen der Eingleisigkeit der Strecke auch vorerst nur ein Bahnsteig in Seitenlage angelegt. Der Dienstraum bildete gleichzeitig die Bahnsteigsperre und wurde auch als Fahrkartenschalter genutzt. Als Wetterschutz für den diensthabenden Beamten wurde in Holzfachwerk ein kleines Vordach über dem Bahnsteig errichtet.
Der Zugang zum Bahnsteig erfolgte über eine Rampe nach Überschreiten des auf der Rückseite der Station vorbeiführenden Gütergleises.

Heutiger Zustand

Bis auf einige technische Einrichtungen (Lampen, Fahrtzielanzeiger) und wenige neue Details an der baulichen Ausstattung ist der Haltepunkt noch in seinem ursprünglichen Zustand.

Denkmalpflegerische Maßnahmen

Gerade durch seine Beschränktheit im Vergleich zu den heutigen Bahnhöfen der Berliner U-Bahn, aber auch zu den nur ein Jahrzehnt vorher erbauten Bahnhöfen der Nordsüd-S-Bahn ist dieser Haltepunkt ein wichtiges historisches Monument, das uns sehr eindrücklich den Zustand Berlins 1946, nach dem verlorenen Krieg, vor Augen hält. Er zeigt den Stand der technischen und ökonomischen Möglichkeiten der Nachkriegszeit und dies sehr deutlich im Verhältnis zu seinem Gegenüber, der nationalsozialistischen Repräsentationsarchitektur des Verwaltungsgebäude des ehem. Kraftwagenwerks Lichtenrade.
Die Bedeutung dieses Bauwerks liegt in seiner Originalität und Einmaligkeit als Zeitdokument der Berliner Geschichte. Sollte seine Erhaltung an Ort und Stelle nicht möglich sein, so darf eine Veränderung der Situation erst nach genauer Dokumentation vorgenommen werden.

Abb. 139
Haltepunkt Buckower Chaussee. Empfangsgebäude mit Dienstraum und Fahrkartenverkauf

Abb. 140
Empfangsgebäude (Rückfront) und Wartehalle im Hintergrund

Haltepunkt Buckower Chaussee

Abb. 141
Zugang zum Bahnsteig. Rechts Gütergleis

Abb. 142
Haltepunkt Buckower Chaussee 1956 (Foto: Ullstein Bilderdienst)

Haltepunkt Buckower Chaussee

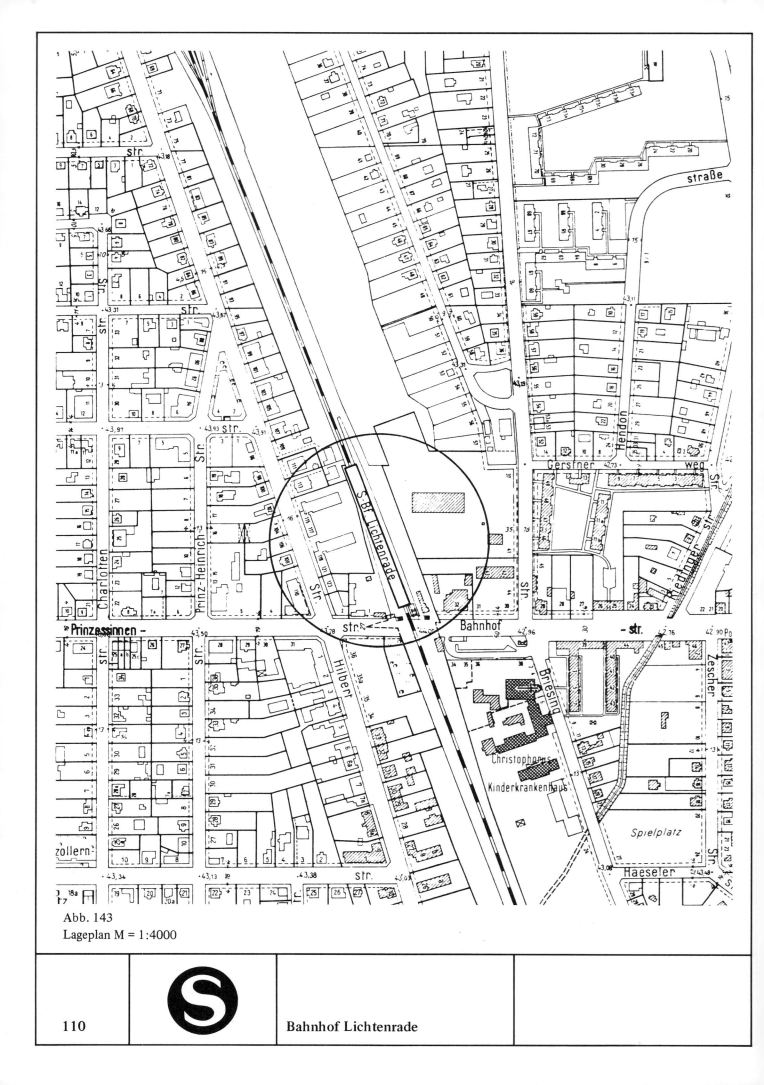

Abb. 143
Lageplan M = 1:4000

110   Bahnhof Lichtenrade

Bahnhof Lichtenrade

Am 1. Juni 1883 wurde die Haltestelle „Lichtenrade" in Betrieb genommen, ein einfacher Seitenbahnsteig südlich der heutigen Bahnhofstraße, an der noch eingleisigen Strecke der Dresdener Bahn. Erst ein Jahrzehnt später (1892) wurde das zweigeschossige Bahnhofsgebäude in gelbem Ziegelsichtmauerwerk errichtet. Die Diensträume waren im Erdgeschoß untergebracht, die Dienstwohnung des Bahnhofsvorstehers lag im Obergeschoß. Das Gebäude war ein Beispiel preußischer Sparsamkeit, ein reiner Zweckbau ohne jeglichen repräsentativen Anspruch, den man von einem Empfangsgebäude eines Bahnhofs der Kgl. Preußischen Staatseisenbahn erwarten würde (z.B. Bahnhof Papestraße). Im gleichen Stil war das weiter zurückliegende Beamtenwohnhaus erbaut, zwischen beiden lagen eingeschossige Wirtschafts- und Abortgebäude.

H. WUNDRICH, Vom Bauerndorf zur Gartenstadt. Die Geschichte Lichtenrades im Bezirk Berlin-Tempelhof. Berlin 1962

Eine deutliche Verbesserung der Bahnhofssituation für die Reisenden brachte der Bau des Mittelbahnsteigs 1909/10 und dessen niveaufreie Erschließung (Einweihung am 20. September 1910). Der Zugang zum Bahnsteig erfolgte jetzt von beiden Seiten des Bahnübergangs Bahnhofstraße durch einen Tunnel zum Kopf des Bahnsteigs. Zwei Schutzhäuschen über den Treppen mit der Stationsbezeichnung „Lichtenrade" bildeten den Eingang und dienten dem Wetterschutz und der Belichtung der Treppen und des Tunnels. Ein weiteres Schutzhäuschen war über dem Treppenaufgang zum Bahnsteig errichtet worden. Hier, am Übergang zum Bahnsteig, fand der Fahrkartenverkauf und die Fahrkartenkontrolle (wie heute noch) statt.

Der Bahnsteig hatte die übliche Ausstattung mit drei Bahnsteighäuschen des Typus Wannseebahn erhalten: Warteraum, Dienstraum und Toilettenhäuschen am Ende des Bahnsteigs. Die Bahnsteigüberdachung bestand dagegen (wie beim Bahnhof Marienfelde) aus einem von Mittelstützen getragenen Schutzdach (16 I-Stützen), die teilweise direkt vor den Kopfseiten der Bahnsteighäuschen standen.

Abb. 18–20

Drei zusätzliche Stufen am Ende der Treppe, der nicht mehr sichtbare Sockel der Aufbauten und die reduzierte Höhe der Bahnsteigüberdachung (3,80 m statt 4,00 m) weisen auf die Erhöhung des Bahnsteigs 1939 im Zuge der Elektrifizierung der Strecke hin.

Heutiger Zustand

Die Prellböcke beiderseits des Bahnhofs und die zugewachsenen Gleise auf der westlichen Seite des Bahnsteigs machen deutlich, daß seit 1961 kein Zugverkehr mehr über Lichtenrade hinaus stattgefunden hat. Die Schranke an der Bahnhofstraße ist abgebaut worden, der Bahnhof selbst ist Endstation der aus Frohnau kommenden Zuggruppe N I.

Die Bahnhofsbauten aus den Jahren 1892 und 1910 sind vollständig erhalten und in einem ihrem Alter entsprechenden Zustand. Teile der alten Ausstattung (Bänke mit hohen Rückenlehnen, hölzernen Fahrplanständer, Stationsschilder) sind noch vorhanden. Neue technische Einrichtungen (Fahrtzielanzeiger, Lampen) sind installiert worden. An zusätzlichen Bauten auf dem Bahnsteig sind 1925 eine „Erfrischungshalle" (Arch.: G. & C. Gause) und während des Zweiten Weltkriegs ein Splitterbunker hinzugekommen.

Denkmalpflegerische Maßnahmen

Der Bahnhof ist ein wichtiges Dokument der Entwicklung Lichtenrades im 19. und 20. Jahrhundert vom Bauerndorf über die Villenkolonie zu einem bedeutenden Vorort an der Berliner Peripherie. Die zugewachsene Bahntrasse vom Bahnhof zur Mauer verdeutlicht eindrucksvoll die heutige politische Situation Berlins.

Die nüchternen gelben Ziegelbauten wie die gläsernen Schutzhäuschen über den Treppenschächten, die Bahnsteigbauten und die „modernere" Bahnsteigüberdachung haben architektonische Qualitäten, die es zu erhalten gilt.
Unter denkmalpflegerischem Gesichtspunkt ist der Bahnhof als Bauensemble zu behandeln, dessen einzelne Teile auch in einer der heutigen Verkehrssituation angepaßten neuen Ordnung ihren Platz finden müssen.

Abb. 144
Bahnhof Lichtenrade um 1930. Im Hintergrund Gebäude der Schloßbrauerei AG (Postkarte, Heimatarchiv Tempelhof)

Abb. 145
Bahnhof Lichtenrade. In der Mitte das 1892 erbaute Bahnhofsgebäude, rechts und links die Schutzhäuser über den Treppen zum Bahnsteig (1909/10)

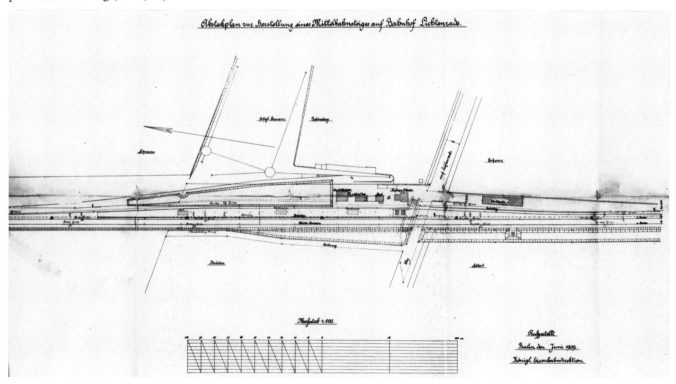

Abb. 146
Situationsplan des Bahnhofs Lichtenrade zum Bau des Mittelbahnsteigs 1909 (Bauakte Bahnhof Lichtenrade, Bd. 1, Bauaufsichtsamt Tempelhof)

Abb. 147
Westlicher Zugang zum Bahnsteig. Schutzhaus über der Treppe

Abb. 148
Östlicher Zugang zum Bahnsteig. Schutzhäuser über den Treppen

Bahnhof Lichtenrade

Abb. 149
Bahnsteig. Im Vordergrund der ehemalige Dienstraum

Abb. 150
Blick von der Bahnhofstraße auf das östliche Gleis des Bahnhofs. Im Hintergrund rechts das Beamtenwohnhaus (erbaut 1892)

Bahnhof Lichtenrade

Abb. 151
Bahnsteig. Schutzhaus über der Treppe zum Bahnsteig

Abb. 152
Schutzhaus über der Treppe zum Bahnsteig. Im Hintergrund der querliegende Personentunnel

Bahnhof Lichtenrade

Abb. 153
Bahnsteig. Ehemaliger Warteraum, heute als Dienstraum genutzt

Abb. 154
Treppe vom Personentunnel zum Bahnsteig. Am Ende der Treppe Bahnsteigsperre und Fahrkartenverkauf

Abb. 155
Bahnsteig. Ehemaliger Dienstraum. Dahinter Kiosk (erbaut 1925)

Abb. 156
Abortgebäude am Ende des Bahnsteigs

Bahnhof Lichtenrade

Denkmalpflegerische Maßnahmen

Zusammenfassung

Auf dem Streckenabschnitt Anhalter Bahnhof–Lichtenrade der S-Bahn gibt es 8 Bahnhöfe, die entsprechend der Verkehrsentwicklung auf dieser Vorortstrecke zu unterschiedlichen Zeiten erbaut wurden. Unter denkmalpflegerischen Gesichtspunkten sind davon 3 Bahnhöfe bedeutende baugeschichtliche Dokumente und als besonders schützenswerte Denkmäler der Eisenbahn- und Verkehrsgeschichte zu behandeln:

1. **Bahnhof Papestraße.** 1901 eröffnet als Umsteigestation Ringbahn-Vorortbahn mit vollständig erhaltenem Empfangsgebäude und zwei Bahnsteigen mit einer Ausstattung vom Typus „Wannseebahn".

2. **Bahnhof Priesterweg.** 1928 erbaut im Stil der „Neuen Sachlichkeit". Vollständig erhaltenes Beispiel eines modernen Bahnhofs der 20er Jahre und Vorbild für die Bahnhofsbauten der 30er Jahre.

3. **Anhalter Bahnhof.** 1939 eröffnet als letzter und südlichster Bahnhof der Nordsüd-S-Bahn. Die Innenausstattung ist nicht vollständig erhalten, war jedoch von so hoher architektonischer Qualität, daß eine Rekonstruktion zu vertreten ist.

Von besonderem historischen Wert ist der **Haltepunkt Buckower Chaussee**, der die heute weitgehend ausgelöschte Nachkriegssituation Berlins drastisch dokumentiert.

Von baugeschichtlicher Bedeutung für die Ortsgeschichte ist der **Bahnhof Lichtenrade**, bei dem an den nacheinander entstandenen Bauten die Entwicklung dieses Dorfes seit dem 19. Jahrhundert deutlich zum Ausdruck kommt.

Der **Bahnhof Mariendorf** ist ein bauhistorisch interessantes Beispiel eines kleinen Vorortbahnhofs von guter architektonischer Qualität der Zeit vor dem Ersten Weltkrieg. Zusammen mit der gleichzeitig erbauten Unterführung und dem Schmuckplatz auf der westlichen Seite bildet er ein für die Villenkolonie Südende wichtiges Bauensemble, das wiederhergestellt werden sollte.

Bei den beiden restlichen Bahnhöfen **(Yorckstraße, Marienfelde)** sind durch Kriegszerstörungen erhebliche Schäden an den Empfangsgebäuden und Bahnsteigdächern entstanden, doch sind bei kommenden Neuplanungen die noch vorhandenen Bauteile zu berücksichtigen und in die neue Gestaltung mit einzubeziehen.

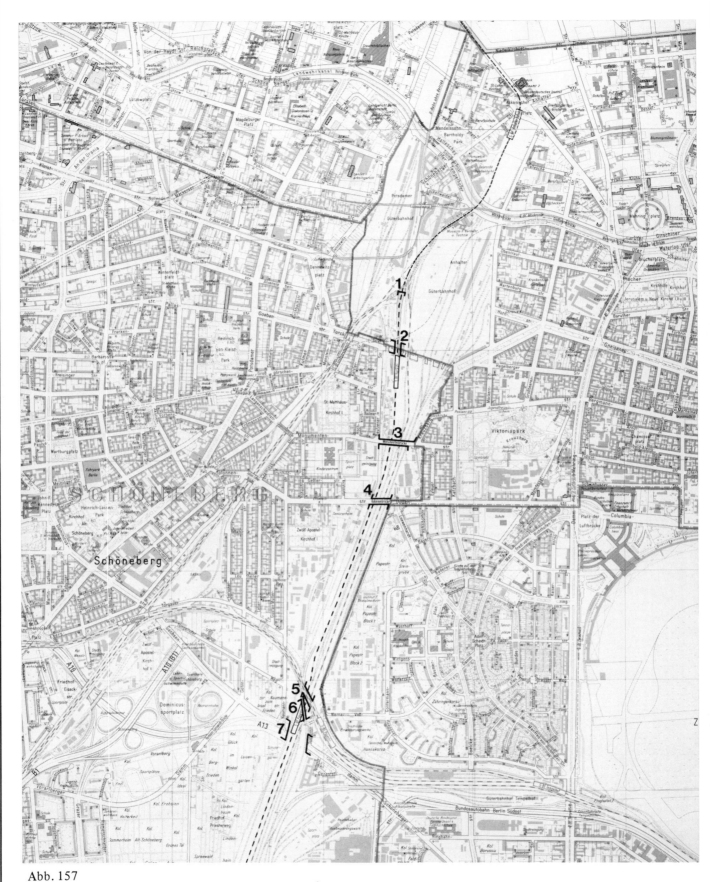

Abb. 157
Situationsplan mit Eintragung des Streckenverlaufs und der einzelnen Bauten (Plan 1)

2. Streckenverlauf
Brücken und Unterführungen

Allgemeines

Die Trassen der Eisenbahnlinien haben die städtebauliche Entwicklung Berlins im 19. Jahrhundert entscheidend geprägt. Zu beiden Seiten der Bahndämme entstanden Villenkolonien wie auch Fabrikansiedlungen. Die Errichtung eines Haltepunktes oder Gütergleises war oft entscheidend für Wachstum oder Stagnation der neuen Gründung. Die wirtschaftliche Erschließung der Berliner Peripherie wäre ohne die Eisenbahn als Transportmittel und Verbindung zum Zentrum der Stadt nicht möglich gewesen.

Die Endpunkte der Fernbahnlinien, einst bescheidene Gebäude außerhalb der Stadtmauer, waren Ende des Jahrhunderts Zentren des innerstädtischen Verkehrs und Festpunkte städtebaulicher Planung. Die hinter ihnen liegenden ausgedehnten Gleisanlagen der Personen- und Güterbahnhöfe trennten die einzelnen Wohnviertel voneinander und nahmen nicht unerheblichen Einfluß auf die Richtung der städtebaulichen Entwicklung. Selbst die Breite der Bahntrasse und die Möglichkeit, sie gefahrlos durch Straßenunterführungen oder über Brücken queren zu können, entschied noch über die räumliche Gliederung eines Stadtviertels. Die Ausbildung der Gleisführung, ob im Einschnitt, auf einem geschütteten Erddamm, niveaugleich oder auf einem gemauerten Viadukt wirkte bestimmend auf die umgebende Bebauung. Die Eisenbahnlinie prägte die Stadtlandschaft.

Der hier zu betrachtende 13,77 km lange Streckenabschnitt vom unterirdischen S-Bahnhof Anhalter Bahnhof bis zum jetzigen Endbahnhof Lichtenrade hat nie die städtebauliche Bedeutung gehabt wie z.B. die Anhalter Bahn, an der schon 1868 die Station Lichterfelde an der gleichnamigen Villenkolonie eröffnet wurde.

An der Zossener Linie lagen nur das Dorf Lichtenrade, die kleinen Villenkolonien Südende und Marienfelde, beide nicht vergleichbar mit Lichterfelde oder den durch die Wannseebahn erschlossenen Villenvierteln am Rande des Grunewalds. Die vielen freien Flächen zwischen den einzelnen Siedlungen eigneten sich daher besonders für die Ansiedlung von Industriebetrieben (Engl. Gasanstalt in Mariendorf, Daimler-Motorenwerke in Marienfelde) und zur Anlage von Güter-, Rangier- und Betriebsbahnhöfen der Bahngesellschaft.

Noch heute bestimmt das Nebeneinander von Wohnsiedlungen und Industriegelände das Bild dieser Strecke.

Streckenverlauf vom Anhalter Bahnhof bis zum Bahnhof Lichtenrade

(1) Nordsüd-S-Bahn-Tunnel

Auf der Südseite des 1939 eröffneten S-Bahnhofs Anhalter Bahnhof wurde die Tunnelstrecke der Nordsüd-S-Bahn 6-gleisig ausgeführt, um zusätzlich zu den Vorortgleisen nach Wannsee, Lichterfelde-Ost und Zossen zwei Gleise zum Abstellen und Kehren der Züge zur Verfügung zu haben. Die dadurch bedingte große Tunnelbreite von 26 m wurde mit Stahlträgern auf zwei Reihen von geschweißten Stahlstützen überbrückt. Erst kurz vor dem Landwehrkanal wurde der Tunnel auf seine übliche Breite von 20,70 m Außenmaß reduziert.

Die Unterführung des Landwehrkanals stellte, nach den Erfahrungen mit der Unterquerung der Spree im nördlichen Streckenabschnitt, keine

Legende zu Abb. 157
1 Nordsüd-S-Bahn-Tunnel
2 Unterführung Yorckstraße
3 Monumentenbrücke
4 Kolonnenbrücke
5 Überführung Ringbahngleise
6 Überführung des Anschlußgleises zur Ringbahn
7 Unterführung Sachsendamm

Abb. 158
Baugrube der Nordsüd-S-Bahn neben dem Anhalter Bahnhof. Im Hintergrund das Europa-Haus. Foto 1936 (Landesbildstelle Berlin)

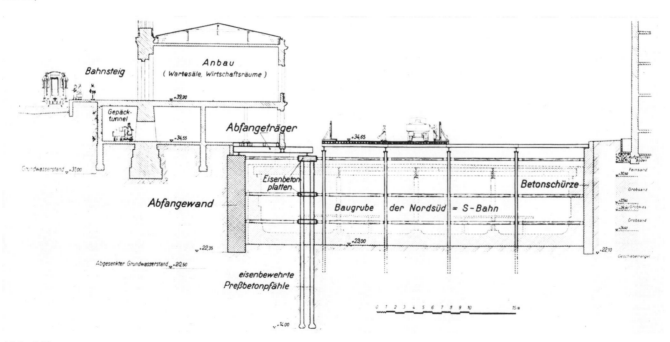

Abb. 159
Querschnitt durch die Baugrube. Links der Anhalter Fernbahnhof (ZdBv 60 (1940) 64, Abb. 16)

122

1 Tunnelstrecke Nordsüd-S-Bahn

Abb. 160
Baustelle am Landwehrkanal. Im Vordergrund die Heberohre über dem Tunnelschacht. Foto 1935 (Landesbildstelle Berlin)

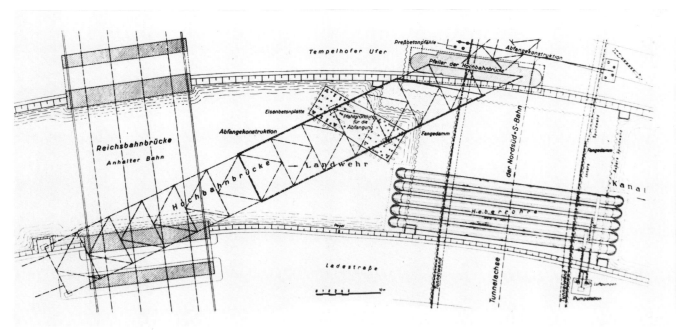

Abb. 161
Unterfahrung des Landwehrkanals. Grundriß der Baugrube (ZdBv 60 (1940) 67, Abb. 24)

besondere Schwierigkeit in der Bauausführung dar und wurde, um die Schiffahrt nicht zu behindern, im Winterhalbjahr 1934/35 (November 1934 bis Mai 1935) fertiggestellt[1].

Um im Falle eines Wassereinbruchs im Bereich des Kanals den Tunnel abschotten zu können, wurden zu beiden Seiten zwei sog. „Wehrkammern" eingebaut. In ihnen lagen die zur Abdichtung vorgesehenen Dammbalken in seitlichen Falzen und konnten im Notfall mittels Laufkatzen heruntergelassen werden.

Besondere Schwierigkeiten an dieser Stelle machte die Unterfahrung des Mauerwerkspfeilers der Hochbahnbrücke, die den Landwehrkanal und die Anhalter Bahn kreuzte. Der im Tunnelbereich liegende massive Pfeiler auf der südlichen Uferstraße, dem Tempelhofer Ufer, mußte abgebrochen werden und die Brückenkonstruktion nach Verlängerung auf einen neuen Abfangträger aufgelagert werden.

Schwieriger als die Unterfahrung des Landwehrkanals war die Unterfahrung des Postbahnhofs Luckenwalder Straße und der zum Potsdamer Bahnhof und Potsdamer Ringbahnhof führenden Gleise. Wegen des erheblichen Arbeitsumfangs war mit dem Tunnelbau hier schon 1935 begonnen worden, so daß 1937, als die Ausführung der Nordsüd-S-Bahn den Erfordernissen der Reichshauptstadtplanung angepaßt werden mußte, die Arbeiten fast abgeschlossen waren. Außer dem sehr aufwendigen Tieftunnel des Richtungsgleises nach Zossen und Lichterfelde-Ost mußte als zusätzliche Maßnahme jetzt noch ein 4-spuriger Abzweig zur „Großen Straße" (Bhf. Hornstraße an der Nord-Süd-Achse) geschaffen werden. Wegen der sehr beengten Baustelle war die dafür erforderliche

[1] M. GRABSKI, Der Bau der Nordsüd-S-Bahn. In: ZdBv 60 (1940) 67

Abb. 162
Bau der Abfangkonstruktion der Hochbahnbrücke über den Landwehrkanal. Foto 1935 vom Tempelhofer Ufer in Richtung Anhalter Bahnhof (A.B. Gottwaldt (1982) Abb. 161)

Erweiterung der Baugrube nur unter schwierigsten Bedingungen herzustellen. Die zusätzlichen Arbeiten führten zu einer erheblichen Verzögerung der Fertigstellung dieses Streckenabschnitts. Ausgeführt wurde nur, ebenso wie beim Abzweigtunnel vom Anhalter Bahnhof in Richtung Görlitzer Bahnhof, ein kurzer Tunnelstutzen.

Nach der Unterfahrung des Postbahnhofs stieg die Strecke kontinuierlich (1:30 auf 325 m) und verließ den Tunnel am Ende des Ringbahnviadukts zum Potsdamer Bahnhof. Die Rampe vom Tunnelausgang bis zu den Yorckbrücken wurde als Böschung zwischen Futtermauern ausgebildet. 1,5 km hinter der Station Anhalter Bahnhof erreichte die Strecke nach Überwindung einer Höhendifferenz von 13,20 m und dem Überqueren der Yorckbrücken den Bahnhof Yorckstraße.

Am 8. Oktober 1939 wurden die Gleise zum Potsdamer Ringbahnhof unterbrochen, mit der neuen Tunnelstrecke zusammengeschlossen und am 9. Oktober fuhren die ersten durchgehenden Züge zwischen Bernau—Lichterfelde-Ost und Velten—Zossen (Mahlow).

(2) Unterführung Yorckstraße

Der 1861 in Kraft getretene Bebauungsplan für die Umgebungen Berlins (sog. Hobrechtplan) sah eine durchgehende Gürtelstraße südlich des Landwehrkanals vor und eine große Platzanlage im Bereich zwischen der Anhalter und Potsdamer Bahn („Wahlstattplatz"). Durch die Änderung des Bebauungsplanes 1872 wurde der in der Zwischenzeit stattgefundenen Ausdehnung der hier angelegten beiden Güterbahnhöfe Rech-

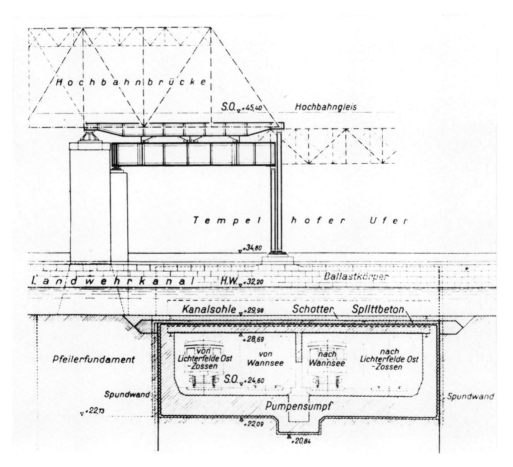

Abb. 163
Querschnitt durch den Tunnel unter dem Landwehrkanal. Darüber die Abfangkonstruktion der Hochbahnbrücke über den Landwehrkanal (ZdBv 60 (1940) 68, Abb. 26)

Abb. 164
Tunnelausgang der Vorortstrecke Lichterfelde-Ost und Zossen. S-Bahnzug in Richtung Lichtenrade. Foto 1982 (Landesbildstelle Berlin)

Abb. 165
Situation im Bereich des Tunnelausgangs kurz vor Abschluß der Bauarbeiten. Das alte Vorortgleis nach Lichterfelde-Ost (mit S-Bahnzug) ist bereits durch Behelfsbrücken unterstützt, um den Boden darunter auszuheben für die Verlegung des neuen Gleises. Foto 1939 (Die Reichsbahn 15 (1939) 967, Abb. 15)

Abb. 166
Yorckbrücken. Luftfoto 1978 (Landesbildstelle Berlin)

Abb. 167
Unterführung Yorckstraße mit S-Bahnzug in Richtung Lichtenrade. Foto 1982 (Landesbildstelle Berlin)

Abb. 168
Unterführung Yorckstraße. Vollwandträgerkonstruktion, erbaut um 1932

Abb. 169
Unterführung Yorckstraße. In Bildmitte Schutzhaus über der Treppe zum Bahnsteig

nung getragen. Die Gürtelstraße wurde in ihrem geraden Verlauf unterbrochen, nach Süden verschwenkt, und eine niveaufreie Kreuzung mit den Bahnanlagen durch deren Höherlegung und den Bau von Straßenunterführungen am Landwehrkanal und im Bereich der Blücherstraße (heute Yorckstraße) erreicht. Die Unterführungsbauten waren Brückenkonstruktionen mit einer Spannweite von 26,50 m aus geraden Blechträgern, die seitlich auf zwei gußeisernen Säulen auflagen (Entwurf: F. Schwechten, 1877–79). Die gemauerten Widerlager bestanden aus gelbem Klinkermauerwerk auf einem Sockel aus hellem Sandstein.

In den 30er Jahren wurde ein Großteil der Brückenkonstruktionen ausgewechselt und erneuert. Die zierlichen gußeisernen Säulen wurden durch massive genietete Stützen ersetzt, die verzierten Blechträger durch einfache Vollwandträger, die, um eine kostspielige Verstärkung der Widerlager zu ersparen, als einhüftige Rahmen ausgebildet wurden, die die Bremskräfte direkt in die Stützenfundamente leiteten.

Hinter dem Bahnhof Yorckstraße führt die Strecke in einem natürlichen Geländeeinschnitt am ehem. Betriebsbahnhof und den Resten des Wagenreinigungsschuppens vorbei, unter der Monumentenbrücke (3) und der Kolonnenbrücke (4) hindurch, am Gelände des ehem. Militärbahnhofs, dem späteren Güterbahnhof Kolonnenstraße, entlang, um dann nach Osten zu verschwenken und gleich nach der Unterquerung der Ringbahn (5) den Bahnhof Papestraße zu erreichen.

(3) Monumentenbrücke

Einer der historischen Feldwege und Straßenverbindungen zwischen Schöneberg und Tempelhof war der „Ziegeleiweg" (seit 1902 Monumentenstraße) zu den Lehmgruben am Tempelhofer Berg (heute Kreuzberg). Durch den Bau der Anhalter Bahn wurde diese Verbindung unterbrochen und erst 1875, mit dem Bau der Dresdener Bahn, wurde eine hölzerne Brücke über den Gleiskörper errichtet. Diese schmale, nur 10 m breite, doch 160 m lange Holzkonstruktion mit vielen schmalen Öffnungen zwischen den Gleisen konnten auf die Dauer weder dem zunehmenden Straßenverkehr noch dem Zugverkehr genügen.

1929/30 wurde deshalb nach Absprache mit der Eisenbahndirektion vom Tiefbauamt Schöneberg (Entwurf und Ausführung: Magistrats-Oberbaurat Usinger, Dipl.-Ing. Ewald) ein Neubau erstellt, der die Breite der Monumentenstraße von 19 m (12 m Fahrbahn, je 3,50 m Gehsteige) aufnahm. Die drei Zwischenpfeiler und zwei Endauflager wurden als massive Pfeiler aus Stahlbeton mit einer Verkleidung aus dunkelbraunen Klinkern hergestellt, die Tragkonstruktion bestand aus vollwandigen Blechträgern mit sichtbaren Stehblechen an den Außenseiten[1].

[1] USINGER und EWALD, Die neue Monumentenbrücke in Berlin. In: Die Bautechnik 12 (1934) 93–95

Abb. 5

(4) Kolonnenbrücke

Im Gegensatz zu dem nur von den Bauern benutzten Ziegeleiweg erhielt der für das Militär wichtige, zum Tempelhofer Exerzier- und Paradefeld führende „Colonnenweg" schon bei der Anlage der Anhalter Bahn 1841 eine massive Bogenbrücke. Neben dieser stand eine hölzerne Wächterbude mit Signalmast, von der aus der Zugverkehr überwacht wurde. Die schmale Brücke wurde 1874, beim Bau der Dresdener Bahn, abgebrochen und durch eine 19,25 m breite und 100 m lange Holzbrücke ersetzt.

Seit den 20er Jahren mehrten sich die Stimmen, die zur „Beseitigung der unzeitgemäßen Verkehrsverhältnisse zwischen den Bezirken Kreuzberg–Tempelhof und Schöneberg" drängten. „Die nächste Aufgabe bleibt zweifellos der Neubau der jetzt noch hölzernen Kolonnenbrücke,

3 Monumentenbrücke
4 Kolonnenbrücke

Abb. 170
Die hölzerne Monumentenbrücke (erbaut 1875). Foto um 1910 (Heimatarchiv Schöneberg)

Abb. 171
Die 1928/29 erbaute neue Monumentenbrücke. In Bildmitte das Stellwerk „Abm". Foto um 1950 (Heimatarchiv Schöneberg)

Abb. 172
Monumentenbrücke

Abb. 173
Monumentenbrücke

Abb. 174
Blick von der Monumentenbrücke auf die 1874 erbaute hölzerne Kolonnenbrücke. Rechts ein S-Bahnzug nach Lichterfelde-Ost. Foto 1937 (Gottwaldt (1982) Abb. 164)

Abb. 175
Die 1954 erbaute neue Kolonnenbrücke

[2] USINGER und EWALD, Die neue Monumentenbrücke in Berlin. In: Die Bautechnik 12 (1934) 95

die wegen ihrer mangelhaften Tragfähigkeit und ihres Zustandes bereits mit Fahrzeugen von mehr als 5,5 t Gesamtgewicht gesperrt werden mußte; diese Maßnahme bedeutet besonders für den lebhaften Verkehr des Güterbahnhofs Kolonnenstraße und mit Rücksicht auf die Wichtigkeit der Kolonnenbrücke als Osttor des numehr fast voll besiedelten Tempelhofer Westfeldes eine außerordentliche Verkehrsbehinderung", schrieb nach der Fertigstellung der neuen Monumentenbrücke der Schöneberger Magistrats-Oberbaurat Usinger 1934[2].

Der geplante Brückenbau kam vor Kriegsbeginn nicht mehr zustande; 1943 wurde die hölzerne Brücke von Bomben getroffen und brannte vollständig ab. Erst 10 Jahre später (1953) wurde neben dem bisher als Übergang genutzten provisorischen Fußgängersteg mit dem Bau einer neuen Brücke begonnen. Sie war konzipiert als Stahlverbundkonstruktion mit einer Länge von 103 m und einer Breite von 27 m. Die 6 Zwischenpfeiler bestanden aus einer betonummantelten Stahlkonstruktion. Am 1. November 1954 wurde die Brücke für den Verkehr freigegeben.

(5) Überführung Ringbahn

Das heute von der S-Bahn benutzte Kreuzungsbauwerk mit der Ringbahn wurde beim Bau der Lichterfelder Vorortstrecke 1899/1900 angelegt. Das ursprüngliche Bauwerk aus dem Jahre 1874 hat sich nicht erhalten.

Abb. 176
Überführungsbauwerk der Ringbahn am Bahnhof Papestraße

(6) Überführung des Anschlußgleises zur Ringbahn

Etwas jünger als die Überführung der Ringbahn ist das Überführungsbauwerk für das Anschlußgleis vom Rangierbahnhof Tempelhof zur Ringbahn, das beim Stellwerk „Vdp" einmündet. Er wurde 1905 angelegt als Ersatz für das demontierte „Kaisergleis" (äußere westliche Ringbahnkurve), dessen Dammschüttung auf der nordwestlichen Seite des Bahnsteigs des Bahnhofs Papestraße erhalten geblieben ist.

Ein Pfeiler dieser aus massiven Blechträgern erbauten eingleisigen Überführung steht direkt auf dem Bahnsteig, die weiteren zwischen den Gleisen. Eine Fachwerkkonstruktion überspannt als letztes Joch die beiden ehemaligen Gütergleise der Anhalter Bahn (heute nur noch ein Gleis vom Anhalter zum Tempelhofer Güterbahnhof).

Die Strecke vom Bahnhof Papestraße zum Bahnhof Priesterweg (1,74 km) führt nach Überquerung des Sachsendamms auf einer Dammschüttung schnurgerade an den Kleingartenkolonien des Schöneberger Südgeländes und den Gleisanlagen des Tempelhofer Rangierbahnhofs vorbei.

Abb. 177
Überführung des Anschlußgleises vom Rangierbahnhof Tempelhof zur Ringbahn. Aufnahme vom Vorortbahnsteig des Bahnhofs Papestraße

Abb. 179
Überführung des Verbindungsgleises zur Ringbahn über die ehemaligen Gütergleise der Anhalter Bahn

Abb. 178
Überführung des Verbindungsgleises zur Ringbahn über die ehemaligen Fernbahngleise der Dresdener und Anhalter Bahn

(7) Unterführung Sachsendamm

Seit 1880 führte der Tempelhofer Weg als einzige direkte Verbindung zwischen Tempelhof und Schöneberg auf einer schmalen, nur über steile Rampen zu befahrenden 7,50 m breiten Holzbrücke über die Gleisanlagen der Militärbahn, der Dresdener und Anhalter Bahn. Die vom Schöneberger Magistrat gewünschte Verbreiterung der Brücke auf 15 m wurde von der Kgl. Eisenbahnverwaltung 1897 abgelehnt, doch als Alternative und im Hinblick auf die notwendigen Grundstückserwerbungen für die neue Vorortstrecke nach Lichterfelde-Ost, der Bau einer 20 m breiten Unterführung im Zuge des neu angelegten Sachsendamms in Aussicht gestellt.

Die Unterführung (7 Gleise) wurde 1904/05 nach dem Vorbild der Stadtbahnunterführungen ausgeführt mit gemauerten Widerlagern aus gelben, mit einfachen Mustern verzierten Wandflächen und geraden Blechträgern auf zwei gußeisernen Pendelstützen. Nur das Verbindungsgleis zwischen Ringbahn und Tempelhofer Rangierbahnhof erhielt eine gemauerte Bogenbrücke mit Steingewölbe.

Vor dem Bahnhof Priesterweg verzweigen die beiden Vorortgleise in je ein selbständiges Gleispaar nach Lichtenrade (Zossen, Mahlow) und Lichterfelde-Ost. Die Vorortstrecke nach Lichterfelde-Ost führt im spitzen Winkel unter dem weiter in gerade Richtung verlaufenden Gleispaar der Zossener Vorortlinie zum Bahnhof Mariendorf hindurch (9).

Für diesen Abzweig mußten beim Bau der Vorortstrecke 1901 6 Brücken errichtet werden, da außer den einzelnen Bahnlinien auch noch der vom Priesterweg abzweigende Verbindungsweg nach Tempelhof niveaufrei über die Bahnanlagen hinübergeführt werden sollte.

Erst 1930 wurde diese Situation durch die Anlage des Prellerweges und dessen Unterführung in gerader Flucht vereinfacht.

Abb. 180
Die 1880 erbaute schmale Holzbrücke über die Gleise der Militärbahn, der Dresdener und Anhalter Bahn. Im Hintergrund der Vorortbahnsteig des Bahnhofs Papestraße. Foto um 1903 (Heimatarchiv Schöneberg)

Abb. 181
Der Sachsendamm mit den 1905 erbauten Brücken zur Überführung der Militärbahn (1. Brücke im Vordergrund), der Vorortbahn Lichterfelde-Ost, Zossen (2. und 3. Brücke), der Dresdener und Anhalter Fernbahn (4. bis 7. Brücke). Foto um 1910 (Heimatarchiv Schöneberg)

Abb. 182
Unterführung Sachsendamm 1983. Im Hintergrund das Stellwerk „Tpa" (außer Betrieb)

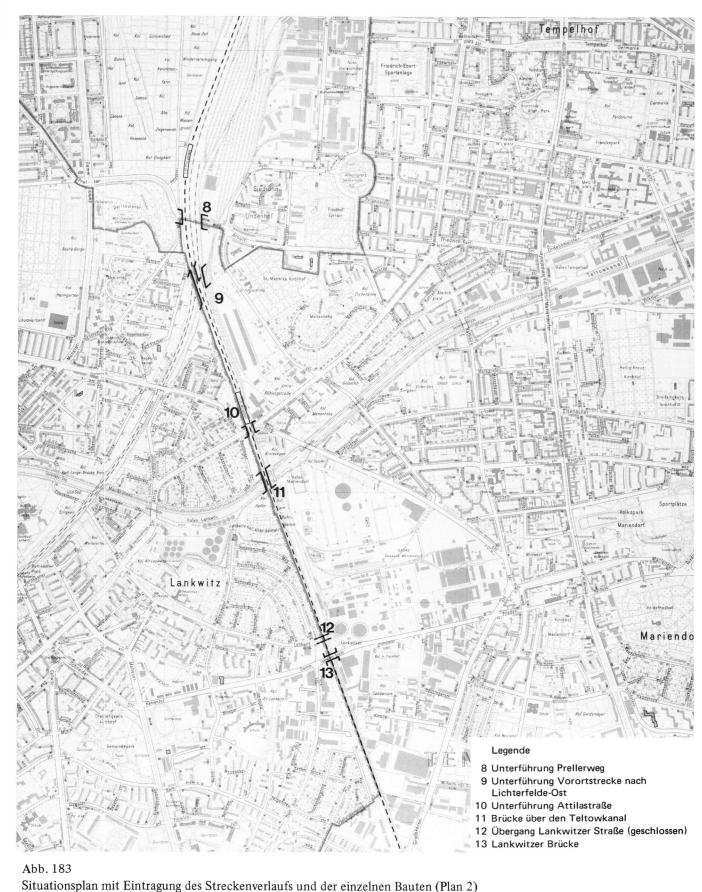

Abb. 183
Situationsplan mit Eintragung des Streckenverlaufs und der einzelnen Bauten (Plan 2)

Legende
8 Unterführung Prellerweg
9 Unterführung Vorortstrecke nach Lichterfelde-Ost
10 Unterführung Attilastraße
11 Brücke über den Teltowkanal
12 Übergang Lankwitzer Straße (geschlossen)
13 Lankwitzer Brücke

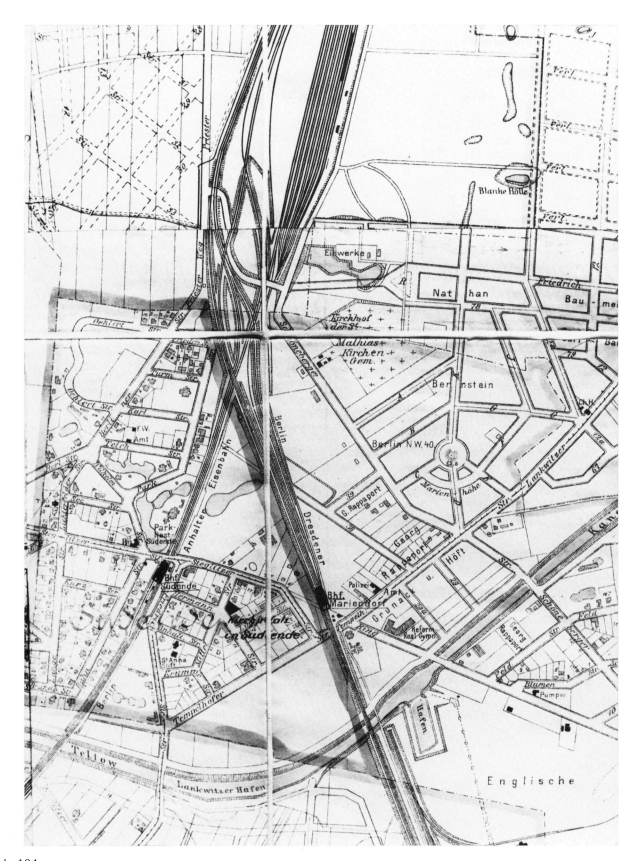

Abb. 184
Situationsplan des Verzweigungsbauwerks der Anhalter und Dresdener Bahn südlich des heutigen S-Bahnhofs Priesterweg
(R. Schwarz, Pläne der Vororte Berlins, Bl. 28 (1907) Ausschnitt. Landesarchiv Berlin)

(8) Unterführung Prellerweg

Abb. 219

Die Unterführung ist entsprechend der Neuordnung der Gleisanlagen seit 1928 in einzelne Abschnitte aufgeteilt. Auf der westlichen Seite befinden sich die Vorortgleise nach Lichterfelde-Ost und Zossen (höherliegend, in der Mitte). Auf der östlichen Seite lagen die Ferngleise der Dresdener Bahn, die Ferngleise der Anhalter Bahn und die Gütergleise zum Rangierbahnhof Tempelhof. Die 16 m breiten Unterführungsbauwerke sind freitragend ausgebildet. Die Brücken bestehen aus vollwandigen Blechträgern, die auf massiven Widerlagern aus Beton (gestockte Oberfläche) aufliegen. Den einzigen Schmuck bilden pfeilerartige Aufbauten zu beiden Seiten der Brückenträger, zwischen denen die Stahlkonstruktionen optisch hindurchlaufen.

Abb. 201, 202

Gleich hinter dem Bahnhof Mariendorf überquert die Bahnlinie die Attilastraße, dann den Teltowkanal und verläuft in gerader Richtung in einem flachen Geländeeinschnitt am Gaswerk Mariendorf vorbei und niveaugleich neben den Tempelhofer Industrieanlagen bis zum Bahnhof Marienfelde (1,43 km). Die beiden traditionellen Verbindungsstraßen der Dörfer Lankwitz und Mariendorf (Lankwitzer Straße/Alt-Lankwitz) wie auch Marienfelde und Mariendorf (Marienfelder Allee/Großbeerenstraße) haben erst in jüngster Zeit niveaufreie Kreuzungsbauwerke erhalten.

Abb. 185
Verzweigungsbauwerk der Anhalter und Dresdener Bahn kurz vor Inbetriebnahme 1901. Ansicht von Süden. Links das Gleispaar der Dresdener Fernbahn, in der Mitte das Gleispaar der Vorortlinie nach Lichterfelde-Ost mit Vorortzügen. Rechts das Gleispaar der Anhalter Fernbahn, darüber das Vorortgleis nach Zossen (vgl. Abb. 17) (Bely (1971) 121)

Abb. 186
Verzweigungsbauwerk der Anhalter und Dresdener Bahn. Ansicht von Westen. Überführung der Dresdener Ferngleise über den Verbindungsweg nach Tempelhof (links), das Vorortgleis von Zossen (mittlere Brückenöffnung) und das Gleispaar der Vorortlinie nach Lichterfelde-Ost (rechts). Foto um 1910 (Heimatarchiv Schöneberg)

Abb. 187
Unterführung Prellerweg. Vorderer Brückenträger für die S-Bahnlinie nach Lichterfelde-Ost

(9) Unterführung Vorortstrecke nach Lichterfelde-Ost

(10) Unterführung Attilastraße

Seit der Einrichtung des Haltepunktes Mariendorf 1895 an der Kreuzung der Landstraße von Tempelhof nach Lankwitz (ehem. Tempelhofer Straße) hat an dieser Stelle nur eine schmale, 8,50 m breite Unterführung bestanden, die bald den Anforderungen des steigenden Verkehrs, ebenso wie der Haltepunkt selbst, nicht mehr gewachsen war. 1913/14 wurde deshalb ein weitgehender Neubau des Bahnhofs und der Unterführung durchgeführt.

Die lichte Spannweite der Gleisbrückenträger der Vorortlinie und der Militärbahn betrug 19,90 m. Sie wurden als massive genietete Blechträger ohne die bisher übliche Unterstützung durch zwei auf den Gehsteigen errichteten Säulen ausgeführt. Die beiden Gleisbrücken für die Dresdener Fernbahn und das Gütergleis auf der nördlichen Seite lagen auf Pendelstützen auf. Das massive Widerlager war hier um 13 m hinter die Straßenfront des Bahnhofs zurückgesetzt, um den Reisenden einen geräumigen Zugang zur Bahnhofshalle zu ermöglichen. Fuß- und Kopfgelenke der geraden genieteten Stützen waren plastisch ausgebildet, um ihre Funktion als bewegliche Gelenkpunkte auch optisch zu verdeutlichen.

Heute fehlt auf der westlichen Seite der Unterführung die Gleisbrücke für das Militärbahngleis. Die entstandene Lücke in der Fassade ist durch einfaches Zumauern geschlossen worden.

Abb. 188
Unterführung Attilastraße. Links Brückenträger für das Gütergleis zum Bahnhof Marienfelde

10
Unterführung Attilastraße

Abb. 189
Unterführung Attilastraße. Ansicht von Westen

Abb. 190
Unterführung Attilastraße. Blick auf den östlichen Bahnhofsvorplatz

10
Unterführung Attilastraße

(11) Brücke über den Teltowkanal

Knapp 300 m hinter dem Bahnhof Mariendorf überquert die Bahnlinie den 1901–06 erbauten Teltowkanal auf einer 42 m langen Fachwerkbrücke, deren massive Widerlager (Ziegelmauerwerk, Eckquaderung aus Granit) auf einer Pfahlgründung errichtet wurden. Der auf der nördlichen Seite des Kanals angelegte Uferweg (Maulbronner Ufer) wurde mit einer Brückenkonstruktion aus massiven Blechträgern (Stützweite 19 m) überspannt, die ihre ursprüngliche Form (Verzierungen, Geländer) bis heute erhalten hat.

Erhalten geblieben ist auch die Dammschüttung, auf der die Bahnlinie während der Bauzeit der Brücke verschwenkt worden war.

Eine baugleiche Brücke über den Teltowkanal wurde für die Anhalter Bahn errichtet, doch war jene für 4 Gleise ausgelegt, die der Dresdener Bahn nur für 3 Gleise[1].

32
HAVESTADT und CONTAG, Der Bau des Teltowkanals. In: ZfBw 56 (1906) 311 ff., Atlas Bl. 66

Im Mai 1945, kurz vor Kriegsende, wurden die Brückenträger über den Teltowkanal gesprengt. Eine 1946 erbaute eingleisige hölzerne Notbrücke ermöglichte die Wiederaufnahme des durchgehenden Zugverkehrs, brannte jedoch im Sommer 1947 ab. Bis zur Erneuerung des östlichen Brückenträgers (1949) blieb die Strecke unterbrochen und konnte erst 1954, nach Ausbesserung auch des mittleren Brückenträgers, wieder zweigleisig befahren werden.

Der dritte westliche Brückenträger für das Gleis der Militärbahn wurde abgebaut.

Abb. 191
Die zerstörte Brücke über den Teltowkanal. Rechts eingleisige Notbrücke mit S-Bahnzug nach Rangsdorf. Foto 1949 (Landesbildstelle Berlin)

11
Brücke über den Teltowkanal

Abb. 192
Brücke über den Teltowkanal. Foto 1983

Abb. 193
Ansicht des östlichen Brückenträgers

Abb. 194
Unterführung des Uferweges (Detail)

Abb. 195
Blick auf den nördlichen Brückenpfeiler

Abb. 196
Unterführung des Uferweges (Maulbronner Ufer)

11
Brücke über den Teltowkanal

(12) Übergang Lankwitzer Straße (geschlossen)

(13) Lankwitzer Brücke

Etwas nördlich der heutigen Überführung kreuzte der alte Verbindungsweg zwischen den Dörfern Lankwitz und Mariendorf niveaugleich die Bahnstrecke (12). Erst 1975/76 wurde diese traditionelle Verbindung aufgehoben und der Verkehr über eine 26 m breite Stahlbetonbrücke (Spannweite 36 m) geleitet. Die Lankwitzer Straße wurde jetzt mit dem Kamenzer Damm verbunden, um den Durchgangsverkehr von der Lankwitzer Dorfaue fernzuhalten.

(14) Unterführung Marienfelder Allee (Karl-Theodor-Schmitz-Brücke)

Auch die Marienfelder Allee, Hauptachse der Villenkolonie Marienfelde und traditionelle Verbindung zum Dorfkern von Mariendorf (Großbeerenstraße), war bis 1979 ein niveaugleicher Übergang. Die Bahnlinie konnte jedoch nördlich des Bahnübergangs durch einen Fußgängertunnel unterquert werden. Ein schmaler Weg entlang der Bahnlinie führte durch einen weiteren Tunnel zum nördlichen Bahnsteigende des Bahnhofs Mariendorf. Mit der Eröffnung der neuen Unterführung (Karl-Theodor-Schmitz-Brücke) am 13. November 1979 wurde dieser Zugang geschlossen und abgebaut.

Abb. 197
Ehemaliger Übergang Lankwitzer Straße. Im Hintergrund Gasbehälter des Gaswerks Mariendorf

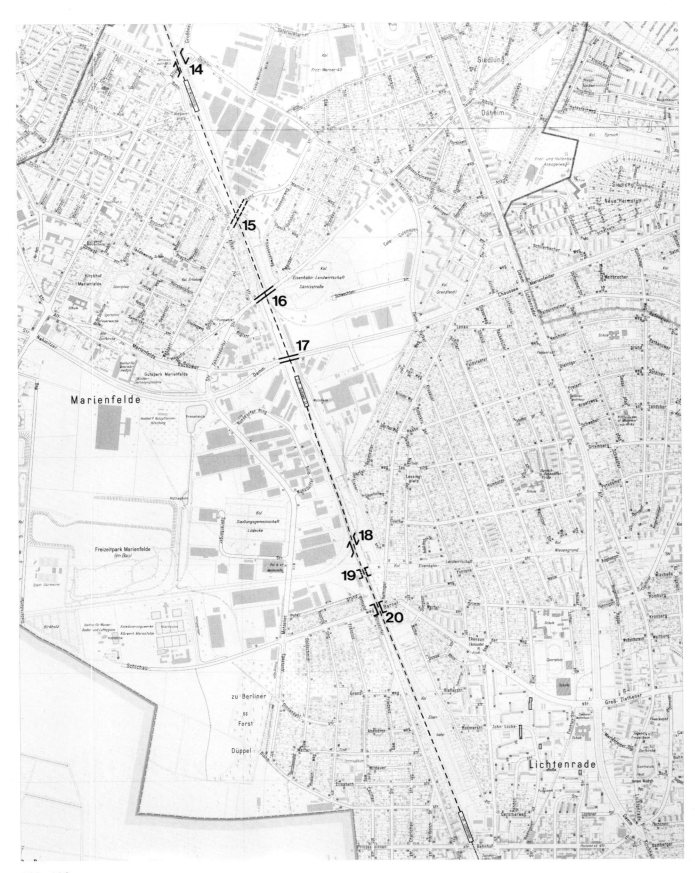

Abb. 198
Situationsplan mit Eintragung des Streckenverlaufs und der einzelnen Bauten (Plan 3)

Vom Bahnhof Marienfelde aus führt die Bahnlinie an Einfamilienhausgebieten und Industrieanlagen vorbei bis zum Haltepunkt Buckower Chaussee (1,68 km). Auf der Höhe des ehem. Bahnhofs der Militäreisenbahn (bei km 9,8) wird die Strecke nunmehr bis Lichtenrade nur noch eingleisig befahren.

(15) Übergang Wehnertstraße (geschlossen)

Der Bahnübergang Wehnertstraße–Benzstraße (15) ist heute geschlossen. An dieser Stelle, etwas nördlich des Übergangs, wurde das neue Gleisbildstellwerk „Mf" erbaut (am 29. März 1982 in Betrieb genommen), das die Stellwerke „Mf" und „Msb" in Marienfelde und das Stellwerk „Tfd" in Mariendorf ersetzt.

(16) Übergang Säntisstraße

(17) Übergang Buckower Chaussee

Der Übergang Säntisstraße (16) ist wie der Übergang Buckower Chaussee (17) in neuerer Zeit durch die Verbreiterung und den Ausbau dieser Straßen in der heutigen Form hergestellt worden.

(18) Unterführung Gütergleis

(19) Unterführung ehem. Güteraußenring

Zwischen diesen beiden Übergängen und dem Bahnhof Buckower Chaussee ist auf der westlichen Seite der Strecke noch deutlich die Dammschüttung aus dem Jahre 1938/39 zu erkennen. Sie sollte zur Anlage eines neuen Bahnhofs dienen und war notwendig zur Überführung der Bahnlinie über den zu dieser Zeit erbauten Güteraußenring. Dessen zweigleisige Strecke für den Güterschnellverkehr führte in weitem Bogen um Berlin herum und hatte Verbindung mit allen Fernbahnlinien. Mit dem Bau des „neuen" Güteraußenrings in den Jahren 1951, der das Gebiet der West-Sektoren nicht mehr berührte, verlor der „alte" Güteraußenring seine Bedeutung. Der Verkehr wurde 1954 eingestellt und die Gleisanlagen 1961 östlich der Dresdener Bahn abgebaut. Nur noch das Kreuzungsbauwerk (19) und die durch das Wohngebiet führende Trasse erinnern heute noch an diese Bahnlinie.
Auf der westlichen Seite führt auf der Trasse des „alten" Güteraußenrings ein Anschlußgleis vom Bahnhof Marienfelde zum Übergabebahnhof Lichtenrade westlich der Motzener Straße[1]. Zur niveaufreien Kreuzung mit der S-Bahnstrecke wurde im Sommer 1970 ein einfaches Unterführungsbauwerk errichtet (18).

(20) Unterführung Schichauweg

Das Unterführungsbauwerk stammt wie der Bahndamm, auf den die Trasse der Dresdener Bahn verschwenkt wurde, aus den Jahren 1938/39. Es ist eine einfache Betonkonstruktion mit schalungsrauher Oberfläche, senkrechten Widerlagsmauern und diagonalen Böschungsmauern. Die Brückenträger mit einer Spannweite von 8 m sind als Betonrippenkonstruktion ausgeführt. Wegen des Fehlens der westlichen Hälfte der Tragkonstruktion ist die Brücke nur eingleisig zu befahren.

Nach etwa 2,2 km verläßt die Bahnlinie wieder den aufgeschütteten Damm und verläuft niveaugleich bis zum Bahnhof Lichtenrade. Der ehem. Bahnübergang über die Bahnhofstraße ist nach 1961 abgebaut worden, da die Strecke seit dieser Zeit im Bahnhof Lichtenrade endet. Das Stellwerk „Lrd" ist außer Betrieb. Südlich der Bahnhofstraße ist die Strecke bis zur Mauer zu verfolgen.

---

[1] P. BLEY (1975) 138

Legende zu Abb. 198
14 Unterführung Marienfelder Allee
15 Übergang Wehnertstraße (geschlossen)
16 Übergang Säntisstraße
17 Übergang Buckower Chaussee
18 Unterführung Gütergleis
19 Unterführung ehem. Güteraußenring
20 Unterführung Schichauweg

Abb. 199
Übergang Großbeerenstraße. 1979 durch die Unterführung Marienfelder Allee ersetzt. Foto 1972 (Ullstein Bilderdienst)

Abb. 200
Streckenverlauf beim ehemaligen Übergang Lankwitzer Straße. Aufnahme von der Lankwitzer Brücke in Richtung Norden

12
Übergang Lankwitzer Straße

Abb. 201
Unterführung Marienfelder Allee „Karl-Theodor-Schmitz-Brücke"

Abb. 202
Lankwitzer Brücke

Abb. 203
Übergang Wehnertstraße 1970 (Ullstein Bilderdienst)

Abb. 204
Übergang Wehnertstraße (geschlossen)

15
Übergang Wehnertstraße

Abb. 205
Übergang Säntisstraße. Foto 1941 (Landesbildstelle Berlin)

Abb. 206
Übergang Säntisstraße nach Verbreiterung des Straßenprofils

Abb. 207
Übergang Buckower Chaussee

Abb. 208
Unterführung des Industriegleises vom Bahnhof Marienfelde (erbaut 1970)

17 Übergang Buckower Chaussee
18 Unterführung Industriegleis

Abb. 209
Unterführung des ehemaligen Güteraußenrings. Im Vordergrund die gleislose Trasse

Abb. 210
Unterführung des ehemaligen Güteraußenrings

Denkmalpflegerische Maßnahmen

Zusammenfassung

Von den Brücken und Unterführungsbauwerken des betrachteten Streckenabschnitts sind unter denkmalpflegerischem Gesichtspunkt 5 Bauwerke als besonders schützenswerte Denkmale der Verkehrs- und Stadtgeschichte zu betrachten:

Unterführung Yorckstraße („Yorckbrücken")

Die Yorckbrücken sind eines der wichtigsten Monumente der Berliner Stadtbaugeschichte, Eisenbahngeschichte und ein Beispiel früher Eisenkonstruktionen.
Die Verschwenkung der repräsentativen, von Lenné und Hobrecht geplanten Gürtelstraße („Generalszug") um die Güterbahnhöfe der Anhalter, Dresdener und Potsdamer Bahn zeigt die große Bedeutung des Verkehrsmittels Eisenbahn im 19. Jahrhundert und den damit verbundenen Einfluß auf die Gestaltung der Stadt. Der Verzicht auf die gerade Durchführung der Straßenachse wie auch auf die Anlage des „Wahlstatt-Platzes" war ein einschneidender Verlust städtebaulicher Qualität zugunsten einer praktikablen Lösung des durch die Eisenbahn entstandenen verkehrstechnischen Problems.
Das Unterführungsbauwerk wurde, ebenso wie die abgebrochene Eisenbahnbrücke über den Landwehrkanal (zum Anhalter Bahnhof) mit den beidseitigen Unterführungen der Kanalstraßen, 1877–79 erbaut. Der Architekt war Franz Schwechten, der Ingenieur Heinrich Seidel, der zu seiner Zeit bekannte Romanschriftsteller (z.B. „Leberecht Hühnchen").

Abb. 211
Unterführung Schichauweg (erbaut 1938/39)

20
Unterführung Schichauweg

Eisenkonstruktion und Mauerwerk sind wegen ihrer großen stadt- und technikgeschichtlichen Bedeutung nach denkmalpflegerischen Grundsätzen wieder herzustellen.

Unterführung Sachsendamm

In Anlehnung an die architektonische und konstruktive Gestaltung der Stadtbahnbrücken wurde 1905 die Unterführung Sachsendamm ausgeführt. Die originalen Eisenkonstruktionen sind noch weitgehend erhalten, ebenso die Widerlager und Böschungsmauern mit ihren Oberflächen aus gelben Klinkern.
Eisenkonstruktion und Mauerwerk sind zu renovieren.

Brücke über den Teltowkanal

Aus der gleichen Zeit wie die Unterführung Sachsendamm stammt die Brücke über den Teltowkanal mit anschließender Unterführung des Fußweges entlang des Kanals (1906).
Bei der Wiederherstellung des 3. Brückenträgers ist dieser der vorhandenen Fachwerkkonstruktion anzugleichen. Die weitgehend im Originalzustand erhaltene Brückenkonstruktion über den Fußweg ist nach vorhandenen Plänen zu renovieren.

Unterführung Attilastraße

Aus der Zeit kurz vor dem Ersten Weltkrieg stammt die zusammen mit dem Bahnhof Mariendorf erbaute Unterführung der Attilastraße. Sie ist ein Teil des Bauensembles „Bahnhof Mariendorf" und zeigt in ihrer einfachen, doch nicht schmucklosen Gestaltung die architektonische Zielsetzung der Jahre nach 1900. Im Zuge der Wiederherstellung des Empfangsgebäudes und der Gartenanlagen ist auch die Unterführung zu renovieren.

Unterführung Prellerweg

Ein qualitätvolles Beispiel der Brückenarchitektur der späten 20er Jahre ist die Unterführung Prellerweg. Sichtbeton, hohe genietete Blechträger und der Verzicht auf Dekor sind die für diese Zeit typischen Materialien und Bauformen. Die architektonische Gestaltung betont bewußt die von der Konstruktion erwartete Festigkeit und Dauerhaftigkeit des Bauwerks, die auch in dem guten Erhaltungszustand des Bauwerks zum Ausdruck kommt.

Von den restlichen Brücken und Unterführungen zeichnen sich nur die **Monumentenbrücke** (Stahlkonstruktion) und die **Kolonnenbrücke** (Stahlverbundkonstruktion) durch gute Gestaltung und sorgfältige Konstruktion aus.

Ende der Bearbeitungszeit: Dezember 1983

Jürgen Tomisch

Die Königlich-Preußische Militäreisenbahn

Die Geschichte der Königlich-Preußischen Militäreisenbahn haben K. Hille und K. Pierson[1] ausführlich dargestellt. Die Ergebnisse dieser Arbeiten wurden in die folgende Bearbeitung einbezogen. Auf die Geschichte dieser Bahnlinie, die in einer engen Beziehung zur Berlin-Dresdener Bahn gestanden hat, sei trotzdem noch einmal kurz eingegangen. Schwerpunkt der Betrachtung soll jedoch die Darstellung der heute noch in Berlin vorhandenen Baulichkeiten sein.

1. Vorgeschichte

Die Geschichte der preußischen Militär-Eisenbahnen geht bis in die Mitte des 19. Jahrhunderts zurück. So waren die Schwierigkeiten bei der Mobilmachung des preußischen Heeres 1850 (Konflikt mit Kurhessen) der Anlaß für den Bau und die Eröffnung (15. Dezember 1851) der Berliner Verbindungsbahn, der Vorgängerin der späteren Ringbahn. Sie verband die größtenteils vor der Berliner Stadtmauer liegenden Kopfbahnhöfe miteinander und war die erste staatliche, auf Betreiben des Militärs errichtete Berliner Eisenbahnlinie.

Durch den erfolgreichen Einsatz der Eisenbahn als Transportmittel von Truppen und Ausrüstungsgütern im Deutsch-Französischen Krieg 1870/71 hatte das Kriegsministerium die hohe strategische Bedeutung des neuen Verkehrsmittels entdeckt. So wurde aus den im Krieg aufgestellten Feldeisenbahn-Abteilungen durch Allerhöchste Kabinetts-Ordre vom 19. Mai 1871 das Eisenbahn-Bataillon gebildet. Vor der Verlegung des Bataillons 1876 nach seinem späteren Standort in Schöneberg wurden die Anlagen des Moabiter Exerzierplatzes an der Invalidenstraße mitbenutzt. Die Unterkunftsbaracken befanden sich auf militärfiskalischem Gelände zwischen Ulanenkaserne und Zellengefängnis[2]. Da zur Ausbildung des Bataillons keine eigene Eisenbahn vorhanden war, mußte auf die Einrichtungen der Ostbahn und der General-Telegraphendirektion zurückgegriffen werden. Um diesen Mangel zu beheben, erwog das Kriegsministerium 1871 den Bau einer eigenen Bahnlinie durch das Bataillon von Berlin zum Schießplatz der Kgl. Artillerie-Prüfungskommission bei Tegel. Die beabsichtigte Verlegung des Tegeler Schießplatzes in den 1872 erworbenen und neu angelegten Schießplatz im Kummersdorfer Forst (Kreis Teltow, Reg. Bez. Potsdam) südöstlich von Trebbin, und dessen geplante Anbindung durch eine kurze Zweigbahn zur Station Trebbin der Berlin-Anhalter Bahn, veranlaßte den Kommandeur des Eisenbahn-Bataillons, Oberst Schulz, zu einer Denkschrift (20. Februar 1872), in der er dem Chef des Generalstabes der Armee, Generalfeldmarschall von Moltke, den Bau eines Militärgleises auf dem Planum der derzeit im Planungsstadium befindlichen Eisenbahnlinie von Berlin nach Dresden bis nach Zossen vorschlug. Er nahm damit einen Vorschlag des Gründungskomitees der Berlin-Dresdener Eisenbahn vom November 1871 auf, das die noch immer ausstehende Genehmigung zum Bau der Eisenbahnlinie vom Handelsministerium schneller zu erlangen glaubte, wenn damit ein Vorteil für die Militärverwaltung verbunden wäre.

[1]
K. HILLE, Die Königlich Preußische Militär-Eisenbahn 1875–1900. Berlin 1901
K. HILLE, Geschichte der Preußischen Eisenbahntruppen. Teil II, 1871–1911. Berlin 1913
K. PIERSON, Die Königlich Preußische Militär-Eisenbahn. Stuttgart 1979
K. PIERSON, Die Militär-Eisenbahn Berlin–Zossen–Jüterbog. In: BVB 27 (1980) Nr. 3, 38–57
Dazu ausführliche Darstellungen in:
BusE (1896) I, 288–290
BusB (1896) I, 287–289

[2]
BusB (1877) I, 254

Am 22. April 1872 wurden vom Kriegsministerium Bau und Betrieb einer Militäreisenbahn beschlossen und Mittel aus den französischen Reparationszahlungen (750.000 Taler) dafür vorgesehen. Am 9. Januar 1873 wurden zwischen der Berlin-Dresdener Eisenbahngesellschaft und dem Preuß. Kriegsministerium ein Vertrag, die sog. „Punktation", geschlossen, in dem der Bau der Militäreisenbahn geregelt wurde. Die Gesellschaft übernahm Herstellung und Erwerb des Planums zur Verlegung eines eigenen Gleises für die Militärbahn, die Herstellung des Bahnkörpers und der Brücken, die Beschaffung des Oberbau- und Betriebsmaterials sowie für die Zweigbahn von Zossen zum Schießplatz Kummersdorf die Ausführung der Erdarbeiten und die Beschaffung des Materials, sofern es von der Militärverwaltung verlangt würde. Vom Eisenbahn-Bataillon sollte die Verlegung des Oberbaus und das Schütten der Bettung ausgeführt werden. Als Gegenleistung wurde der Gesellschaft militärfiskalisches Gelände zwischen den Güterbahnhöfen der Anhalter und Potsdamer Bahn für den Bau ihres Berliner Endbahnhofes und ihres Güterbahnhofs zum Kauf überlassen.

Am 18. Februar 1873 wurde mit den Vorarbeiten für die Zweigbahn begonnen, für die auf Anregung des Regierungsbaurats Dulon eine veränderte Linienführung von Zossen über Sperenberg nach dem Schießplatz beschlossen worden war. Neben der kostengünstigeren Herstellung – um 3,1 km kürzere Strecke und ebenes Gelände – waren die zu erwartenden Einnahmen aus dem Güterverkehr der in Sperenberg und Klausdorf liegenden Gipsfabriken und Ziegeleien, der fiskalischen Salzlager bei Sperenberg und der Holztransporte aus dem Staatsforst bei Kummersdorf für die veränderte Linienführung maßgebend. Am 26. Februar 1874 wurde mit dem Bau begonnen.

2. Bau und Betrieb

Das Kriegsministerium hatte im April 1873 dem Eisenbahn-Bataillon das Gelände südlich der Kolonnenstraße auf Schöneberger Gemeindegebiet zugewiesen und bestimmt, daß dessen östliche Hälfte für den Bahnhof und die Feldgerätedepots, dessen westliche für den Übungsplatz des Bataillons (an der heutigen Naumannstraße) genutzt werden sollte. Die Bauarbeiten am Militärbahnhof wurden bis Ende 1874 von privaten Baufirmen und dem Eisenbahn-Bataillon ausgeführt. Im August 1874 wurde die Verlegung der Gleise gleichzeitig von Zossen und Berlin aus

Abb. 212
Empfangsgebäude des Berliner Bahnhofs der Militäreisenbahn. Links das Feldgerätedepot (Hille (1913) Abb. 1)

aufgenommen. Die beiden Bautrupps des Bataillons trafen sich am 20. April 1875. Der Gleisbau für die Zweigstrecke Zossen—Schießplatz wurde im Juli 1875 abgeschlossen. Die Betriebseröffnung auf der Gesamtstrecke fand am 15. Oktober 1875 statt. Für den öffentlichen Personen- und Güterverkehr war jedoch lediglich die Zweigstrecke Zossen—Schießplatz zugelassen.

Die vollspurige eingleisige Bahn hatte eine Gesamtlänge von 45,62 km. Der Berliner Endbahnhof in Schöneberg wurde mit einer kurzen Stichstraße von der Kolonnenstraße erschlossen. Zum Bahnhof gehörte ein Kriegsdepot mit der Feldausrüstung des Eisenbahn-Bataillons, ein Stationsgebäude, ein dreiständiger Lokomotivschuppen, ein Wagenschuppen für vier Wagen, eine Wasserstation, eine Löschgrube, eine Kohlenbühne zwischen Lokomotiv- und Wagenschuppen, ein Werkstattgebäude, eine Drehscheibe und am Nordkopf des Bahnhofs eine Kopf- und Seitenrampe mit einer versenkbaren Schiebebühne zur Verbindung der dort endenden drei Gleise. Der Bahnhof war zunächst mit zwei Haupt- und drei Nebengleisen ausgestattet. Die östlich verlaufende Berlin-Dresdener Bahn war mittels einer Weiche mit dem Militärbahnhof verbunden.

Das Empfangsgebäude bestand aus dem zweigeschossigen Mittelbau, der symmetrisch von zwei eingeschossigen Anbauten eingefaßt war. Er war im historisierenden, für die preußischen Militärbauten typischen Burgenstil entworfen. Im Erdgeschoß befanden sich Warte- und Diensträume, im Obergeschoß die Betriebsräume.

Die Bahn verließ den Bahnhof Berlin in südlicher Richtung und kreuzte kurz darauf die Berliner Ringbahn. Die provisorische, 1874 vom Eisenbahn-Bataillon in Holz ausgeführte Unterführung wurde gemeinsam mit der Berlin-Dresdener Bahn eingleisig benutzt. Beide Bahnen waren nördlich und südlich der Unterführung mittels einer Weiche miteinander verbunden. Danach verliefen Militär- und Dresdener Bahn auf gemeinsamen Planum bis Zossen, wobei das Militärgleis auf der Westseite

Abb. 213
Vom Eisenbahnbataillon erbaute Brücke am Schumkasee mit P2-Lokomotive Nr. 1 „Moltke" (Pierson (1979) Abb. 20)

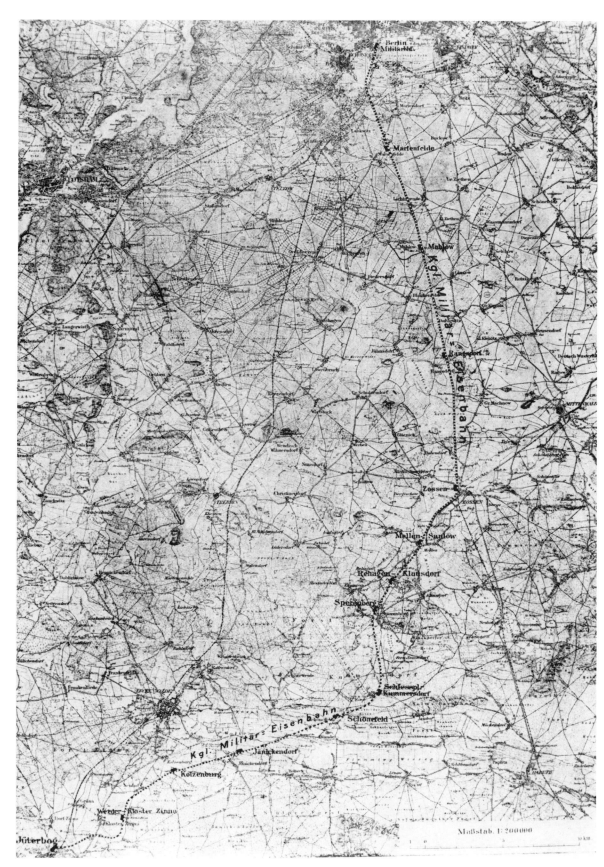

Abb. 214
Streckenführung der Militäreisenbahn Berlin–Zossen–Jüterbog (Hille (1913) Anlage 1)

verlief. In fast schnurgerader südlicher Führung wurde der Bahnhof Zossen erreicht, der vor allem dem Übergang von Personen und Gütern der Dresdener Bahn auf die von hier auf eigenem Planum in südwestlicher Richtung verlaufende Zweigstrecke Zossen–Schießplatz diente.

Betrieb und Verwaltung erfolgte nach den vom Kriegsministerium und vom Handelsministerium 1875 aufgestellten „Organisationsstatut für die Verwaltung und den Betrieb der Militäreisenbahn". Danach unterstand sie hinsichtlich Leitung und Verwaltung der „Königlichen Direktion der Militär-Eisenbahn" und unterlag hinsichtlich der Betriebsführung den Vorschriften preußischer Privatbahnen. Der Betrieb wurde ausschließlich vom Militärpersonal der Eisenbahntruppe durchgeführt und diente somit der notwendigen Ausbildung der Truppe. Die Betriebsmittel bestanden 1874 aus den von der Berlin-Dresdener Eisenbahngesellschaft zur Verfügung gestellten und 1874 von der Berliner Maschinenbau AG. (vormals L. Schwartzkopff) gelieferten P 2–Lokomotiven „Moltke" und „Kameke", aus der im Deutsch-Französischen Krieg erbeuteten Güterzuglokomotive „Remilly", aus sechs Personenwagen, zwölf Güterwagen, einem Transportwagen für Geschützrohre und einer Draisine. Der nur einmal am Tag verkehrende Zug Berlin–Schießplatz benötigte 1 1/2 Stunden für die 45 km lange Strecke.

3. Station und Streckenausbau
Streckenabschnitt Bahnhof Berlin – Lichtenrade

Nach der Einführung des öffentlichen Verkehrs auf dem gesamten Streckenabschnitt Berlin–Zossen am 1. November 1888 wurde die Haltestelle Marienfelde für den Publikumsverkehr am 1. Oktober 1889 zugelassen. Die Militärbahn führte niveaugleich westlich des Stationsgebäudes der Dresdener Bahn vorbei. Ein durch eine Schranke gesicherter Übergang vom Ortskern Marienfelde ermöglichte den Zugang zum Bahnhof.

Zur Unterbringung des Streckenpersonals wurde 1888 nördlich des Bahnhofs der Dresdener Bahn ein zweigeschossiger unverputzter Ziegel-

Abb. 215
Empfangsgebäude des Bahnhofs Marienfelde. Foto um 1900 (Hille (1901) 46)

Abb. 216
Empfangsgebäude des Bahnhofs Berlin nach der Erweiterung 1890. Ansicht der Straßenfront 1910 (Heimatarchiv Schöneberg)

Abb. 217
Ansicht des Empfangsgebäudes von der Gleisseite. Links P3-Lokomotive, Betr. Nr. 12 (Hille (1913) Abb. 42)

Abb. 240 bau errichtet (heute Bahnstraße 1), der bis zum Neubau des Militärbahnhofs auch als Stationsgebäude diente.

1893 entstand als Ersatz für den bisherigen Haltepunkt nach umfangreichen Gleis- und Hochbauarbeiten der Militärbahnhof Marienfelde mit einem Verbund zum Bahnhof der 1886 verstaatlichten Dresdener Bahn. Dazu war es erforderlich gewesen, den bisherigen Haltepunkt ca. 500 m nach Süden zu verlegen und ein neues Stationsgebäude (heute Bahnstraße 23) zu errichten. Das zum Teil noch erhaltene Gebäude ist ein einfacher eingeschossiger, unverputzter Ziegelbau mit flachem, ziegelgedeckten Satteldach. Weiter südlich, in der Nähe des heute geschlossenen Übergangs Wehnertstraße, entstand mit eigenem Gleisanschluß der Güterschuppen des Militärbahnhofs (heute Bahnstraße 37). Mit der Einrichtung des Schnellzugverkehrs am 1. Mai 1898 wurde zur Erlangung einer größeren Betriebssicherheit der Neubau von Weichen- und Signalstellwerken notwendig. So erhielt 1899 der Bahnhof Marienfelde ein Signalstellwerk, der Bahnhof Berlin ein Weichen- und ein Signalstellwerk.

Abb. 238

Abb. 239

Bereits in den ersten Jahren nach der Eröffnung 1875 wurden auf dem Berliner Bahnhof aufgrund der gestiegenen Anzahl der Betriebsmittel und der stetig größer werdenden Bedeutung des Bahnhofs für den Güterumschlag von Baumaterialen (Ziegel, Gips, Holz) die Gleisanlagen und die Betriebswerkstätten erweitert[3]. Der Bahnhof hatte nach 1888 neben seiner militärischen eine nicht geringe zivile Bedeutung für die westlichen und südlichen Vorstädte Berlins. Er diente zum einen als günstig gelegener Güterbahnhof für die in den 80er und 90er Jahren rege Bautätigkeit, zum anderen für Ausflugsfahrten in die südliche Umgebung Berlins; vor allem nach Rangsdorf, Mellensee und Sperenberg. Im Betriebsjahr 1892/1893 wurden ca. 100.000 Personen und 280.000 t Güter befördert[4].

1876 erhielt die Militärbahn ein eigenes Unterführungsbauwerk zur niveaufreien Kreuzung der Berliner Ringbahn zunächst als hölzerne Pfahljochbrücke, 1877 in massiver Ausführung. Die damit überflüssig gewordenen Weichenanschlüsse zur Dresdener Bahn wurden durch die Anlage eines 200 m langen Gleises zur Anschlußrampe der Dresdener Bahn zum Bahnhof Tempelhof (innerer östlicher Ringbahnanschluß) der Ringbahn ersetzt. Bereits ein Jahr später (1878) mußte das Anschlußgleis infolge der Einführung der Berlin–Wetzlarer Bahn (gleichzeitig innerer westlicher Ringbahnanschluß der Dresdener Bahn) in den Dresdener Bahnhof durch eine 300 m lange, größtenteils parallel zur Dresdener Bahn verlaufende Anschlußrampe ersetzt werden.

Die heute noch bestehende Anlage vermittelte den Gleisanschluß zum Dresdener Güterbahnhof. Zur Überbrückung des Hauptgleises der Militär-Bahn und des Anschlußgleises zur Rampe wurde im Verlauf der Einführung der Wetzlarer Bahn ein massives, auf Pfeiler ruhendes Brückenbauwerk errichtet. Mit der Verlegung zweier neuer Gleise auf der Westseite des Depotgebäudes 1887 begannen Gleisumbauten, die in den folgenden Jahren nach der Zulassung des öffentlichen Verkehrs (1888), der Trennung von Personen- und Güterverkehr (1892) und der Streckenverlängerung Zossen–Jüterbog (1897) verstärkt fortgesetzt wurden. So entstand 1896, in Höhe des späteren Bahnhofs Papestraße, ein Anschlußgleis der Militär- mit der Ringbahn zur Überleitung der kaiserlichen Sonderzüge, das sog. „Kaisergleis", das 1903 nach dem Umbau der Gleise der Anhalter- und Dresdener Bahn wieder entfernt wurde. Um die Jahrhundertwende betrug die Gleisentwicklung des Bahnhofs Berlin fast 8 km.

Abb. 232

Die Ausweitung des Betriebs führte 1890 zur Erweiterung des Stationsgebäudes Berlin. Unter Beibehaltung des Mittelbaus erhielten die beidsei-

[3] Bahnhofsumbauten:
- 1876 Reparaturwerkstatt, Vervollständigung der Gleisanlagen
- 1877 Neubau der Unterführung unter der Verbindungsbahn ermöglicht direkte Streckenanbindung
- 1878 Brunnenneubau
- 1879 Laderampe, Güterschuppen
- 1884 neues Gleis auf der Westseite des Kriegsdepots
- 1885 Erweiterung des Lokschuppens, neuer Wagenschuppen
- 1887 zwei neue Gleise auf der Westseite des Depotgebäudes
- 1888 Gleiserweiterungen
- 1890 Erweiterung des Empfangsgebäudes
- 1895 Gleisumbau, Trennung der Ein- und Ausfahrtgleise, Verlängerung der Freiladestraße, Montierhalle, Erweiterung der Reparaturwerkstatt
- 1898 Hallenneubau der Werkstattanlagen
- 1899 Weichen- und Signalstellwerk, Gebäude der Magazinverwaltung
- 1900 neuer Lokomotivschuppen anstelle des Wagenschuppens, neue Drehscheibe
- 1909 Güterschuppen, weiteres Gleis nach K. Hille (1901 u. 1913)

[4] BusB (1896) I, 288

tigen Anbauten ein zweites Geschoß und im Anschluß daran turmartige dreigeschossige Eckbauten im gleichen Stil. Die aus der Front heraustretenden Eckpilaster wurden jeweils von vier „preußischen" Adlern bekrönt.

Dem Bau des Bahnhofs der Militäreisenbahn auf Schöneberger Gebiet westlich des Tempelhofer Feldes folgten eine Reihe von weiteren Militärbauten auf militärfiskalischem Gelände für die neu gebildeten Eisenbahnregimenter. Die zuerst für das Eisenbahnbataillon 1875/76 errichtete Kaserne zwischen Monumentenstraße und Kolonnenstraße westlich der Kesseldorfstraße wurde 1878/79 für das 1876 aufgestellte Eisenbahnregiment Nr. 1 erweitert (nicht erhalten)[5].
Nördlich der 1887 eingerichteten Luftschifferabteilung, an der Ostseite der Militär-, Dresdener- und Anhalter Bahn entstand 1892/93 die Kasernenanlage für das Eisenbahnregiment Nr. 2 (heute General-Pape-Straße 14–38)[6]. Im nördlichen Anschluß daran folgten 1895/96 die Gebäude der Landwehrinspektion und der vier Bezirkskommandos Berlins (heute General-Pape-Straße 46–66)[7]. Ergänzt wurden die Anlagen 1905 durch den Bau der Unterkunftsgebäude für das Eisenbahnregiment Nr. 3 (heute Werner-Voß-Straße 52–68) in der Nähe des neuen Bahnhofs Papestraße an der Stelle der 1901 zum Schießplatz Tegel verlegten Luftschifferabteilung. Im Jahre 1911 wurden die Kasernen des Eisenbahnregiments Nr. 3 von dem Eisenbahnregiment Nr. 1 bezogen. Neben dem Zugang zum Militärbahnhof entstanden an der Kolonnenstraße 1893 das Geschäftshaus der Eisenbahnbrigade (heute Kolonnenstraße 30) und weiter westlich 1892/93 die Offizierspeiseanstalt des Eisenbahnregiments Nr. 2 (nicht erhalten)[8].

Die Bildung neuer Eisenbahnregimenter verdeutlicht die gewachsene militärische Bedeutung der Eisenbahntruppen. Die bisherige Strecke reichte für die Ausbildung nicht mehr aus. In einem Schreiben vom 29. Februar 1889 schlug daher das Kriegsministerium dem Generalstab die Verlängerung der Militärbahn nach Jüterbog vor, um den Anschluß an den dortigen Artillerieschießplatz und die Anhalter Bahn zu ermöglichen. Im April 1895 wurde mit dem Bau des Abschnittes Schießplatz–Jänickendorf begonnen; die Inbetriebnahme des neuen 24,9 km langen Streckenabschnitts Schießplatz (Kummersdorf)–Jüterbog fand am

---

5
1875/76 Entwurf Bauinspekteur Steuer; Erweiterung 1878/79 nach Plänen des Kriegsministeriums. BusB (1877) I, 254; BusB (1896) II, 394, 396

6
Entwurf Garnisonsbauinspektor Böhm u. Garnisonsbaubeamte Böhmer u. Zappe. BusB (1896) II, 395–396

7
Entwurf Reg.-Baumeister Lübke, Bauleitung: Garnisonsbauinspektor Böhmer. BusB (1896) II, 407–409

8
Offizierspeiseanstalt: Entwurf Schönhals im Kriegsministerium, Geschäftshaus: Entwurf Schönhals im Kriegsministerium, Bauleitung Garnisonsbauinspektor Böhmer. BusB (1896) II, 396, 405–406

Abb. 218
Kaserne des Eisenbahnregiments Nr. 1 nach der Erweiterung 1878/79 (Hille (1913) Abb. 5)

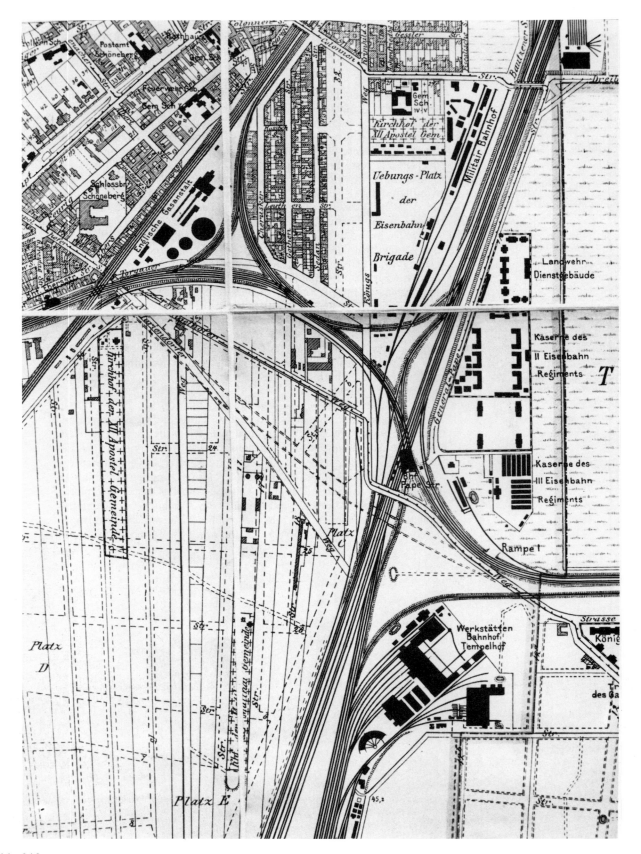

Abb. 219
Situationsplan des Militärbahnhofs und der Kasernen der Eisenbahnregimenter (R. Schwarz, Pläne der Vororte Berlins, Bl. 21 (1907) Ausschnitt. Landesarchiv Berlin)

Abb. 220
Kaserne des Eisenbahnregiments Nr. 2 (später Nr. 4) an der General-Pape-Straße. Im Vordergrund die Gleise der Dresdener und Anhalter Bahn. Foto um 1912 (Hille (1913) Abb. 47)

Abb. 221
Kaserne des Eisenbahnregiments Nr. 3 östlich der Ringbahnstation Papestraße. 1911 vom Eisenbahnregiment Nr. 1 bezogen. Im Vordergrund die Ringbahnstation Papestraße. Foto um 1912 (Heimatarchiv Schöneberg)

1. Mai 1897 für den militärischen und öffentlichen Verkehr statt. Die Militäreisenbahn hatte nunmehr eine Länge von 70,6 km, an der 14 Stationen für den Schnellzug-, Personen- und Güterverkehr lagen.

4. Versuchsabteilung und Schnellfahrversuche

Zur Erprobung technischer Innovationen im Eisenbahnbetrieb bot sich die wenig befahrene Militärbahn durch die besondere Art ihres Betriebs an. Bereits kurz nach ihrer Eröffnung war deshalb eine Versuchsabteilung des Militär-Verkehrswesens der Eisenbahntruppe eingerichtet worden, die 1877 mit der Erprobung des ersten Dampftriebwagens der Bauart „Rowan" begann. Weltweites Aufsehen riefen jedoch die 1901–1903 angestellten Schnellfahrversuche auf der geraden Strecke Marienfelde–Zossen hervor, die von der 1901 gegründeten „Deutschen Studiengesellschaft für elektrische Schnellbahnen", getragen vor allem von der Deutschen Bank und den Firmen der Allgemeinen Elektricitäts-Gesellschaft (AEG) und der Siemens & Halske AG., durchgeführt wurden. Während die Firma Siemens & Halske den Bau der Fahrleitung zwischen den Bahnhöfen Marienfelde und Zossen ausführte, übernahm die AEG die Einspeisung des dreiphasigen Wechselstromes 10.000–20.000 Volt Spannung mit Zuleitung von ihrem Elektrizitätswerk in Oberschöneweide zum Bahnhof Marienfelde. Auf dem verbesserten Oberbau der Versuchsstrecke erreichten die von AEG und Siemens & Halske erbauten zwei Drehstrom-Schnelltriebwagen bereits 1901 eine Geschwindigkeit von 160 km/h. 1902 wurde mit einer Elektrolokomotive der Fa. Siemens & Halske, die ohne Transformator ausgerüstet war, 120 km/h erreicht. Am 27. Oktober 1903 wurde die Rekordgeschwindigkeit von

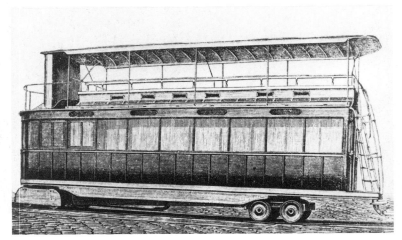

Abb. 222
Dampftriebwagen der Bauart „Rowan" 1877 (Pierson (1979) Abb. 58)

Abb. 223
Drehstrom-Triebwagen auf der Militäreisenbahn während der Schnellfahrversuche 1901. Links der Triebwagen der AEG, im Hintergrund der Wagen von Siemens & Halske (Gottwaldt (1979) 15, Abb. 19)

Abb. 224
Aufnahme des Drehstrom-Triebwagens der Firma Siemens & Halske nach der Rekordfahrt am 6. Oktober 1903, bei der eine Höchstgeschwindigkeit von 200 km/h erreicht wurde (Gottwaldt (1979) 16, Abb. 20)

210, 2 km/h erzielt, die in der Folge von beiden Schnelltriebwagen wiederholt erreicht wurde[9]. Erst 1931 stellte ein propellergetriebener „Schienenzeppelin" (231 km/h) den aufgestellten Rekord ein.

1904 erprobte auf dieser Versuchsstrecke die Eisenbahndirektion Berlin sechs dampfgetriebene Schnellzuglokomotiven unterschiedlicher Bauart, die bei Schnellfahrten bis zu 100 km/h erreichten.

[9] A.B. GOTTWALDT, 100 Jahre deutsche Elektro-Lokomotiven. Stuttgart 1979, 14–15

5. Demontage und Zerstörung

Zu Beginn des Ersten Weltkriegs konnte mit dem Einsatz von Reservisten der gestiegene Verkehr von militärischen und zivilen Gütern aufrechterhalten werden, doch bereits 1915 mußte der Betrieb von den Preußischen Staatsbahnen übernommen werden. Die Bedingungen des Versailler Vertrages (Auflösung der Heeresverbände u.a.) machten einen Weiterbetrieb als Militärbahn unmöglich. Am 1. Oktober 1919 gingen Betrieb und Verwaltung an die Eisenbahndirektion Berlin über, die kurz danach den Betrieb auf der Strecke Berlin–Zossen zugunsten der Dresdener Bahn einstellte. Der Abschnitt Zossen–Jüterbog blieb weiterhin in Betrieb.

Anfang der 20er Jahre erfolgte mit der betrieblichen Anpassung der Bahnanlagen der Umbau der Gleisanlagen der Bahnhöfe. Die Bahnhöfe Marienfelde, Mahlow und Rangsdorf wurden mit denen der parallel liegenden Dresdener Bahn vereint. Die Anlagen des Bahnhofs Berlin – ab März 1924 „Berlin-Kolonnenstraße" – wurden zu einem Güterbahnhof der Deutschen Reichsbahn umgebaut. Die im Südteil liegenden Werkstätten wurden der neueingerichteten Signalversuchsanstalt angegliedert. Das ehemalige Empfangsgebäude wurde 1934 zu einem Verwaltungs- und Lagergebäude umgebaut und der bisher 2-geschossige Mittelbau aufgestockt. Er erhielt ein drittes Geschoß mit abschließendem Zinnenkranz. Die Adler auf den Ecktürmen wurden entfernt. Während das Militärgleis bis auf wenige Ausnahmen auf der Strecke Berlin–Zossen bis Ende der 20er Jahre abgebaut wurde, blieben die alten Gleisanlagen im Bereich des neuen Güterbahnhofs Berlin-Kolonnenstraße weitgehend in Betrieb. So auch Anschlußgleis und -rampe zum Dresdener Güterbahnhof und vermutlich ebenso das Militärgleis über die Unterführung Sachsendamm bis in die Höhe des Rangierbahnhofs Tempelhof.

Die Zerstörungen während des Zweiten Weltkriegs und die Folgen der Teilung Berlins ließen auf einem Großteil der ungenutzten Eisenbahnflächen eine Spontanvegetation entstehen – so auch auf dem Gelände des ehem. Militärbahnhofs Berlin an der Kolonnenstraße. Das im Krieg zum Teil zerstörte Stationsgebäude wurde 1955 abgerissen. An der heute noch bestehenden alleeartig mit Kastanien bepflanzten Zufahrtsstraße haben sich für solche Flächen typische Nutzungen angesiedelt: Autowaschanlage, Kfz-Reparaturwerkstätten, Niederlassungen von Autofirmen, Lagergebäude und ähnliches.

Neben der Zufahrtsstraße ist das Geschäftshaus der Eisenbahnbrigade ((1)[10] Kolonnenstraße 30a) verändert erhalten geblieben (heute Seniorenwohnheim) und ebenso an ihrem Ende die 1899 erbaute Magazinverwaltung ((5) Kolonnenstraße 30e), heute als Wohnhaus genutzt. Von den Betriebswerkstätten auf dem Südkopf des Bahnhofs haben sich einige Gebäude, die der Signal- und Fernmeldemeisterei angegliedert worden waren, erhalten: westlich der nicht mehr erhaltenen Drehscheibe die ehem. Reparaturwerkstatt ((2) erbaut 1876, später Stellwerk-Werkstatt mit Erweiterungen 1895, 1898 und 1924), die ehem. Montierhalle ((3) erb. 1895) und südlich von ihr der ehem. Lokomotivschuppen ((4) erb. 1900). Zwischen der ruinösen Überführung des westlichen Dresde-

[10] siehe dazu Pläne der erhaltenen baulichen Anlagen in Kapitel 6. Baudaten z.T. ermittelt aus folgenden Bauakten der Bau- und Wohnungsaufsichtsämter (BAW):
BAW Schöneberg: Kolonnenstr. 31, Bd. 1–10
BAW Tempelhof: Bahnstraße o. Nr., Bd. 1

ner Ringbahnanschlusses (der Damm des Einführungsbogens ist abgebaut) und der erhaltenen Ringbahnüberführung (7) liegt das 1899 erbaute Stellwerk (6), heute Wohnhaus.

Von den ehemals über 8 km langen Gleisanlagen des Bahnhofs Berlin sind lediglich Fragmente vorhanden. Erhalten haben sich nur das Anschlußgleis mit der 300 m langen Rampe (12) zur Dresdener Bahn und das heute zur Signalmeisterei führende Gleis ((13) vorm. Militärgleis zu den Werkstätten und den Güterschuppen). Beide Gleise stehen noch heute kurz vor der Ringbahnüberführung mit einer Weiche untereinander in Verbindung, um die Gleisverbindung der Signalmeisterei mit dem Anhalter und Potsdamer Güterbahnhof aufrechtzuerhalten. Von der Weiche ab führt das Hauptgleis der Militärbahn unter der Ringbahn hindurch bis in die Höhe des S-Bahnhofs Papestraße (16), wird kurz vor der Unterführung des Sachsendamms durch einen Zaun abgesperrt und endet in Höhe der Lauben-Kolonie Luisengärten (17).

Der weitere Streckenverlauf bis zur Stadtgrenze bei Lichtenrade ist infolge des Gleisabbaus in den 20er Jahren nur noch in vereinzelten Spuren zu erkennen. Gleisfragmente sind zwischen dem S-Bahnhof Marienfelde und dem Übergang Säntisstraße (18) wie auch zwischen der Unterführung Schichauweg und dem S-Bahnhof Lichtenrade (19) vorhanden. Erhalten hat sich die Unterführung Sachsendamm (8). Auf dem Bahnhof Marienfelde erinnern das zum Teil erhaltene Empfangsgebäude ((10) Bahnstraße 23), der dahinterliegende Güterschuppen ((11) Bahnstraße 37), das Wohnhaus für das Streckenpersonal ((9) Bahnstraße 1) und zwei (14, 15) der ehemals fünf Gleise an den 44 Jahren langen Betrieb der Kgl. Preußischen Militäreisenbahn.

Abb. 225
Ruine des Berliner Bahnhofs der Militäreisenbahn 1955 (Heimatarchiv Schöneberg)

6. Erhaltene bauliche Anlagen

Hochbauten

Bahnhof Berlin

Kolonnenstr. 30a

  (1) — Geschäftshaus der Eisenbahnbrigade (1893)

Kolonnenstraße 30d (heute Signal- und Fernmeldemeisterei)

  (2) — Reparaturwerkstatt (später Stellwerk-Werkstatt; 1876, Erweiterungen 1895, 1898, 1924)
  (3) — Montierhalle (1895)
  (4) — Lokschuppen (1900)

Kolonnenstraße 30e

  (5) — Magazinverwaltung (1899)

Nördlich der Ringbahnüberführung

  (6) — Stellwerk (1899)

Über- und Unterführungsbauten

  (7) — Überführung der Ringbahngleise und des Verbindungsgleises der Ringbahn zum Rangierbahnhof Tempelhof (1877 und spätere Erweiterungen)
  (8) — Unterführung Sachsendamm (1904/05)

Bahnhof Marienfelde

Bahnstraße 1

  (9) — Unterkunftsgebäude des Streckenpersonals (1888)

Bahnstraße 23

  (10) — Empfangsgebäude (1893)

Bahnstraße 37

  (11) — Güterschuppen (um 1900)

Gleisanlagen

Bahnhof Berlin

  (12) — Anschlußgleis und -rampe zur Dresdener Bahn
  (13) — Militärgleis zu den Werkstätten und Güterschuppen (heute zur Signal- und Fernmeldemeisterei)
         Mit dem Anschlußgleis (12) mittels einer Weiche verbunden.

Bahnhof Marienfelde

  (14) — Nebengleis bis in die Höhe des Güterschuppens der Dresdener Bahn
  (15) — Güteranschlußgleise zum Güterschuppen der Militärbahn

Streckengleis

  (16) — Hauptgleis der Militärbahn. Von der Ringbahnunterführung bis in die Höhe des S-Bahnhofes Papestraße
  (17) — Hauptgleis der Militärbahn. Von der Unterführung Sachsendamm bis in die Höhe der Laubenkolonie „Luisengärten"
  (18) — Hauptgleis der Militärbahn. Vom S-Bahnhof Marienfelde bis kurz vor den Übergang Säntisstraße
       — Hauptgleis der Militärbahn. Von der Unterführung Schichauweg bis in die Höhe des Abendrotweges.

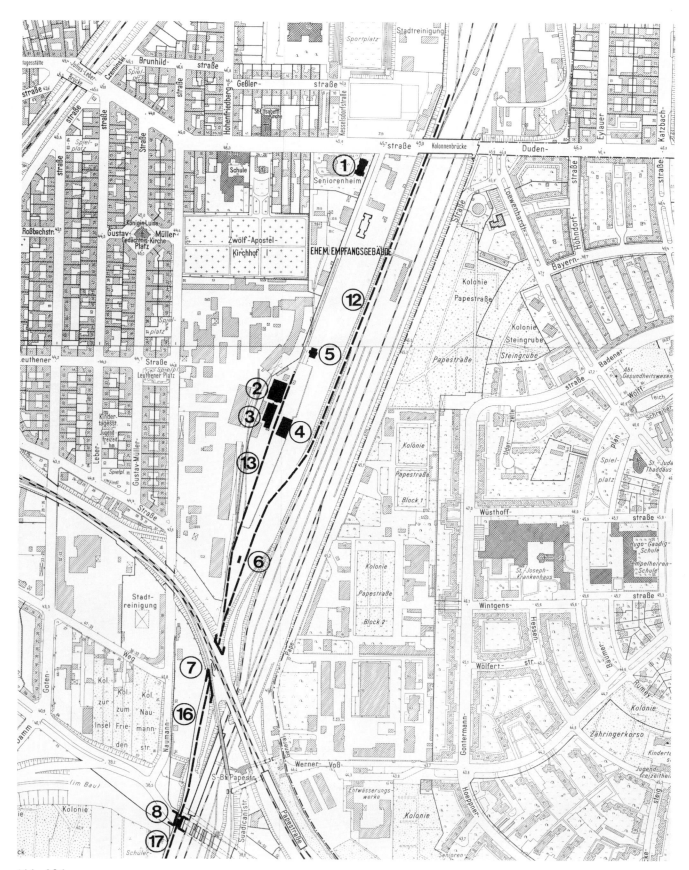

Abb. 226
Situationsplan mit Eintragung der erhaltenen Gleisanlagen und Bauten der Militäreisenbahn (Plan 1)

Abb. 227
Ehemalige Zufahrtstraße zum Empfangsgebäude des Berliner Bahnhofs. Rechts das ehemalige Geschäftshaus der Eisenbahnbrigade (1)

Abb. 228
Ehemaliges Stellwerk des Bahnhofs Berlin (6). Im Vordergrund Gleis der Militärbahn (16)

Abb. 229
Ehemaliger Lokschuppen (4)

Abb. 230
Gebäude der ehemaligen Magazinverwaltung (5) am Ende der Zufahrtstraße zum Bahnhof

Abb. 231
Ehemalige Reparaturwerkstatt (2)

Abb. 232
Ruinen der Überführung des Anschlußbogens von der Dresdener Bahn zur Ringbahn über die Militäreisenbahn

Abb. 233
Ehemalige Montierhalle (3)

Abb. 234
Rampe zum ehemaligen Dresdener Gütergleis (12). Rechts S-Bahnzug Richtung Lichtenrade

Abb. 235
Gebäude der ehemaligen Landwehrinspektion, General-Pape-Straße 62–66

Abb. 236
Kreuzungsbauwerk (7) der Ringbahn (oben) mit dem Gleis der Militäreisenbahn (16)

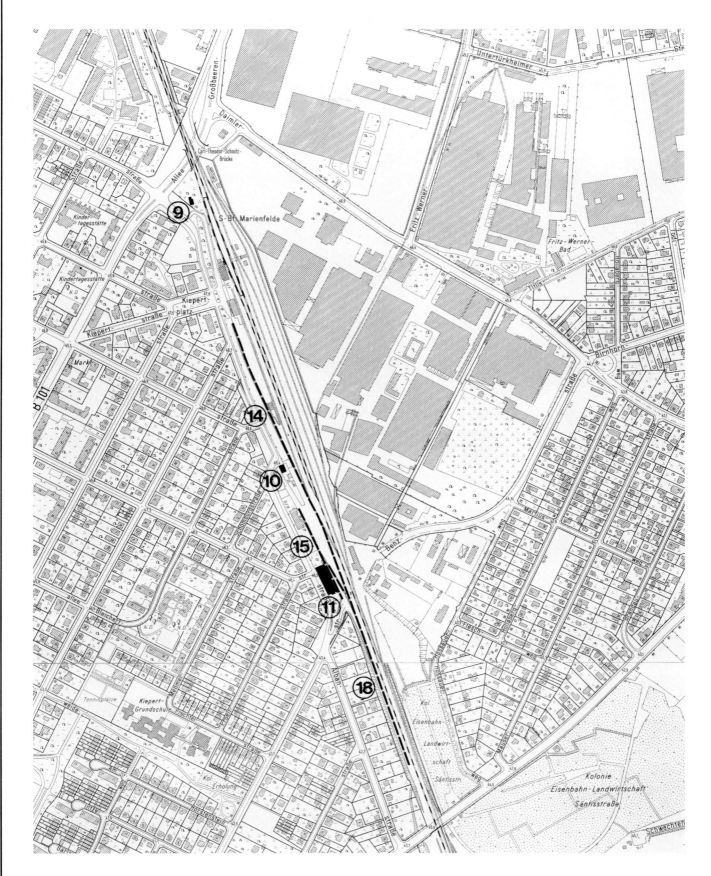

Abb. 237
Situationsplan mit Eintragung der erhaltenen Gleisanlagen und Bauten der Militäreisenbahn (Plan 2). Legende vgl. Abb. 226

Abb. 238
Ehemaliges Empfangsgebäude (10) des Bahnhofs Marienfelde, Bahnstraße 23 (ehem. 13)

Abb. 239
Ehemaliger Güterschuppen (11) des Bahnhofs Marienfelde, Bahnstraße 37

Abb. 240
Ehemaliges Unterkunftsgebäude des Streckenpersonals (9) nördlich des heutigen S-Bahnhofs Marienfelde, Bahnstraße 1

Abb. 241
Gelände des ehemaligen Bahnhofs Marienfelde der Militäreisenbahn. Im Vordergrund (mit Prellbock) Gleisanlage der Militäreisenbahn (14)

Literaturverzeichnis

BERLIN UND SEINE EISENBAHNEN 1846–1896. Herausgegeben im Auftrag des Königlich Preussischen Ministers der öffentlichen Arbeiten. 2 Bde. Berlin 1896

BERLIN UND SEINE BAUTEN. Bearbeitet und herausgegeben vom Architekten-Verein zu Berlin und der Vereinigung Berliner Architekten. 2 Teile. Berlin 1877

BERLIN UND SEINE BAUTEN. Bearbeitet und herausgegeben vom Architekten-Verein zu Berlin und der Vereinigung Berliner Architekten. 3 Teile in 2 Bdn. Berlin 1896

DIE BERLINER S-BAHN. Gesellschaftsgeschichte eines industriellen Verkehrsmittels. Katalog zur Ausstellung der Neuen Gesellschaft für Bildende Kunst (NGBK). Berlin 1982

B-m., Zusammenlegung des Verkehrs der Berliner Stadtbahn und der anschließenden Vorortstrecken. In: Zeitung d. Vereins Deutscher Eisenbahnverwaltungen Nr. 100 (1902) 1519–1521

A. BEHRENS, V. NOTH, Berliner Stadtbahnbilder. Berlin 1981

E. BIEDERMANN, Die Vorortbahn von Berlin nach Groß-Lichterfelde. In: ZfBw 50 (1900) 491–516, Atlas Bl. 67–73

P. BLEY, 100 Jahre Eisenbahn Berlin–Zossen–Dresden. 17. Juni 1875–17. Juni 1975. In: BVB 22 (1975) 104–142

P. BLEY, Berliner S-Bahn. Vom Dampfzug zur elektrischen Stadtschnellbahn. Düsseldorf 1980

H. BOCK, Die Planungen der Reichsbahnbaudirektion Berlin von 1937 bis 1945. In: Archiv für Eisenbahntechnik 24 (1969) 16–48

BUSSE, Neuer Vorortbahnhof bei Berlin. In: Bauwelt 20 (1929) H. 2, 32

P. DOST, Die Königlich Preußische Militär-Eisenbahn. In: Böttchers Kleine Eisenbahn. Schriften Dortmund, H. 13–15

H. EWALD, Vom Umbau der Berliner Unterführungsbauwerke. In: Der Stahlbau 6 (1933) 1–3

A.B. GOTTWALDT, 100 Jahre Deutsche Elektro-Lokomotiven. Eine Geschichte in 250 Fotografien von 1879–1979. Stuttgart 1979

A.B. GOTTWALDT, Eisenbahn-Brennpunkt Berlin. Die Deutsche Reichsbahn 1920–1939. Stuttgart 1982 (2. Auflage)

A.B. GOTTWALDT, Berliner Fernbahnhöfe. Erinnerungen an ihre große Zeit. Düsseldorf 1982

M. GRABSKI, Vom Bau der Berliner Nordsüd-S-Bahn. Achter Bildbericht. In: Die Reichsbahn 15 (1939) 410–417

M. GRABSKI, Der Bau der Berliner Nordsüd-S-Bahn. Der südliche Teil: Saarlandstraße–Anhalter Bahnhof–Tunnelausläufe. In: ZdBv 60 (1940) 57–77

HAVESTADT und CONTAG, Der Bau des Teltowkanals. In: ZfBw 56 (1906) 311 ff., Atlas Bl. 27 ff.

K. HILLE, Die Königlich-Preußische Militär-Eisenbahn 1875–1900. Berlin 1901

K. HILLE, Geschichte der Preußischen Eisenbahntruppen. Teil II (1871 –1911), Berlin 1913

R. KERGER, Die Wiederherstellung des zerstörten Tunnels der Berliner Nordsüd-S-Bahn. In: Neue Bauwelt 37 (1946) H. 3, 4, 15, 19; 38 (1947) H. 10; 39 (1948) H. 4, 33

LANTZENDÖRFER, Unterführung des Schiffahrtcanales, des Halleschen und Tempelhofer Ufers unter der Berlin-Anhaltischen Eisenbahn in Berlin. In: Wochenblatt für Architekten und Ingenieure 1 (1879) 280–283

K. PIERSON, Die Königlich-Preußische Militär-Eisenbahn. Stuttgart 1979

K. PIERSON, Die Militär-Eisenbahn. Berlin–Zossen–Jüterbog. In: BVB 27 (1980) Nr. 3, 38–57

K. PIERSON, Dampfzüge auf Berlins Stadt- und Ringbahn. Stuttgart 1983 (3. Auflage)

K. POMPLUN, Die „Schöneberger Engel" und ihre Eisenbahn. In: Berliner Häuser und Geschichten. Berlin 1975 (2. Auflage), 70–73

REMY, Die Elektrisierung der Berliner Stadt-, Ring- und Vorortbahnen als Wirtschaftsproblem. In: Archiv für Eisenbahnwesen 54 (1931) Beiheft

A. RICHTER, Verkehrswesen von Lichtenrade. In: Festschrift Heimatfest Lichtenrade 1934. Hrsg. vom Arbeitsausschuß. Lichtenrade 1934, 31–37

RÜDELL, Neuere Eisenbahnhochbauten. In: ZdBv 29 (1909) 418–421, 428–433, 437–439

C.W. SCHMIEDECKE, Wagenpark der Berliner S-Bahn. Berlin 1982 (3. Auflage)

W. SPATZ, Der Teltow. Geschichte der Ortschaften des Kreises Teltow. 3 Bde. Berlin 1905–1912

H. WINZ, Es war in Schöneberg. Aus 700 Jahren Schöneberger Geschichte. Berlin 1964, 96–97

H. WUNDRICH, Vom Bauerndorf zur Gartenstadt. Die Geschichte Lichtenrades im Bezirk Berlin-Tempelhof. Berlin 1962

–, Der Bau der Wannseebahn und die Umgestaltung des Potsdamer Bahnhofs in Berlin. In: ZfBw 43 (1893) 421–440, 539–556, Atlas Bl. 44–49

–, Die Elektrisierung der Berliner Stadt-, Ring- und Vorortbahnen. In: ZdBv 49 (1929) 210, 340

–, 60 Jahre „Militäreisenbahn". In: Neue Tempelhofer Zeitung, 11. Okt. 1935

NACHTRAG:

P. BLEY, Die Bahn–Omnibusbetriebe der Berliner Eisenbahnen 1877–1884. In: BVB 31 (1984) Nr. 5 ff.

BERLIN UND SEINE BAUTEN. Herausgegeben vom Architekten- und Ingenieur-Verein zu Berlin. Teil X, Band B, Anlagen und Bauten für den Verkehr. Teil 2, Fernverkehr. Berlin 1984

Arbeitshefte der Berliner Denkmalpflege

Herausgegeben im Auftrag des Senators für Stadtentwicklung und Umweltschutz von Helmut Engel, Landeskonservator

Heft 1 **Die Bauwerke der Berliner S-Bahn. Die Stadtbahn.**
Von Hartwig Schmidt und Eva-Maria Eilhardt

Heft 2 **Die Bauwerke der Berliner S-Bahn. Die Vorortstrecke nach Zossen.**
Von Hartwig Schmidt und Jürgen Tomisch

Heft 3 **Die Bauwerke der Berliner S-Bahn. Die Wannseebahn.**
(In Vorbereitung)

Heft 4 **Die Spandauer Altstadt.**
(In Vorbereitung)

Heft 5 **Die ehem. Königliche Dänische Gesandtschaft im Tiergartenviertel.**
(In Vorbereitung)

Heft 6 **Schustehrusstraße 13. Ein Wohnhaus aus der Barockzeit in Alt-Charlottenburg.**
(In Vorbereitung)

Wissenschaftsverlag Volker Spiess · Berlin